누리는 기쁨, 문화 Pick! ②

예쁜 집, 나를 닮은 집

지음 제나 로젠블랫 | 옮김 조연진

펴낸날 2024년 2월 23일
펴낸이 김주한 | 책임편집 조연진 | 책임마케팅 김민석 | 책임홍보 옥정연 | 디자인 진보라
펴낸곳 픽 | 출판등록 제406-251002015000039호
제조국 대한민국 | 사용연령 8세 이상
주소 (10881) 경기도 파주시 회동길 471(문발동) 몽스패밀리Bd. 301호, 302호

•연습 구성 : 잇츠북 편집팀

ISBN 979-11-92182-85-8 74630
ISBN 979-11-92182-14-8 74080(세트)

이 책을 무단 복사, 복제, 전재하는 것은 저작권법에 저촉됩니다.
※ 잘못된 책은 서점에서 바꾸어 드립니다.

Peak을 향한 Pick!_픽 은〈잇츠북〉의 교양서 브랜드입니다.

예쁜 집, 나를 닮은 집

인테리어 디자인 맛보기 + 내 공간 꾸미기

제나 로젠블랫 지음 · 조연진 옮김

픽

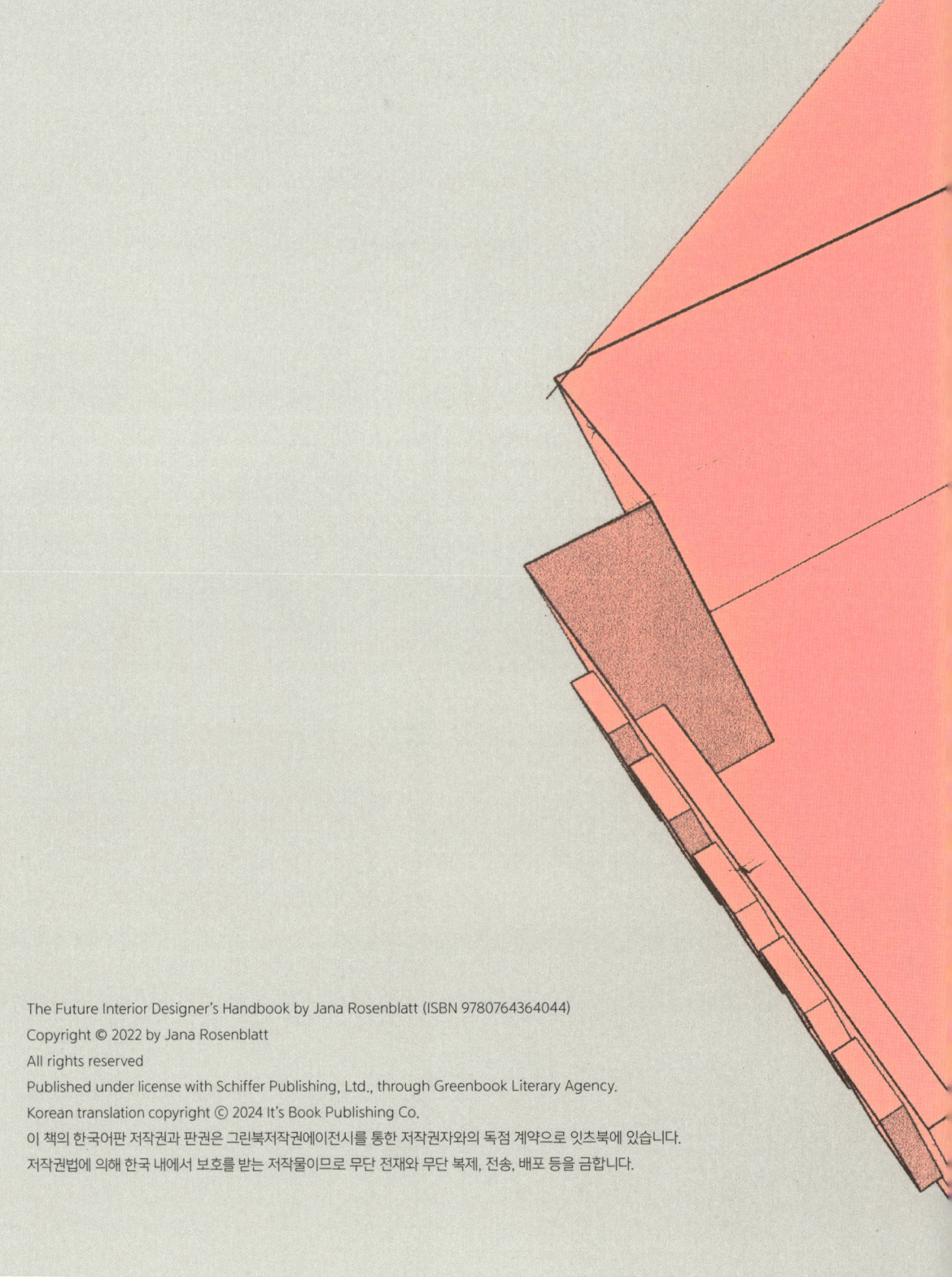

The Future Interior Designer's Handbook by Jana Rosenblatt (ISBN 9780764364044)

Copyright © 2022 by Jana Rosenblatt

All rights reserved

Published under license with Schiffer Publishing, Ltd., through Greenbook Literary Agency.

Korean translation copyright ⓒ 2024 It's Book Publishing Co.

이 책의 한국어판 저작권과 판권은 그린북저작권에이전시를 통한 저작권자와의 독점 계약으로 잇츠북에 있습니다.

저작권법에 의해 한국 내에서 보호를 받는 저작물이므로 무단 전재와 무단 복제, 전송, 배포 등을 금합니다.

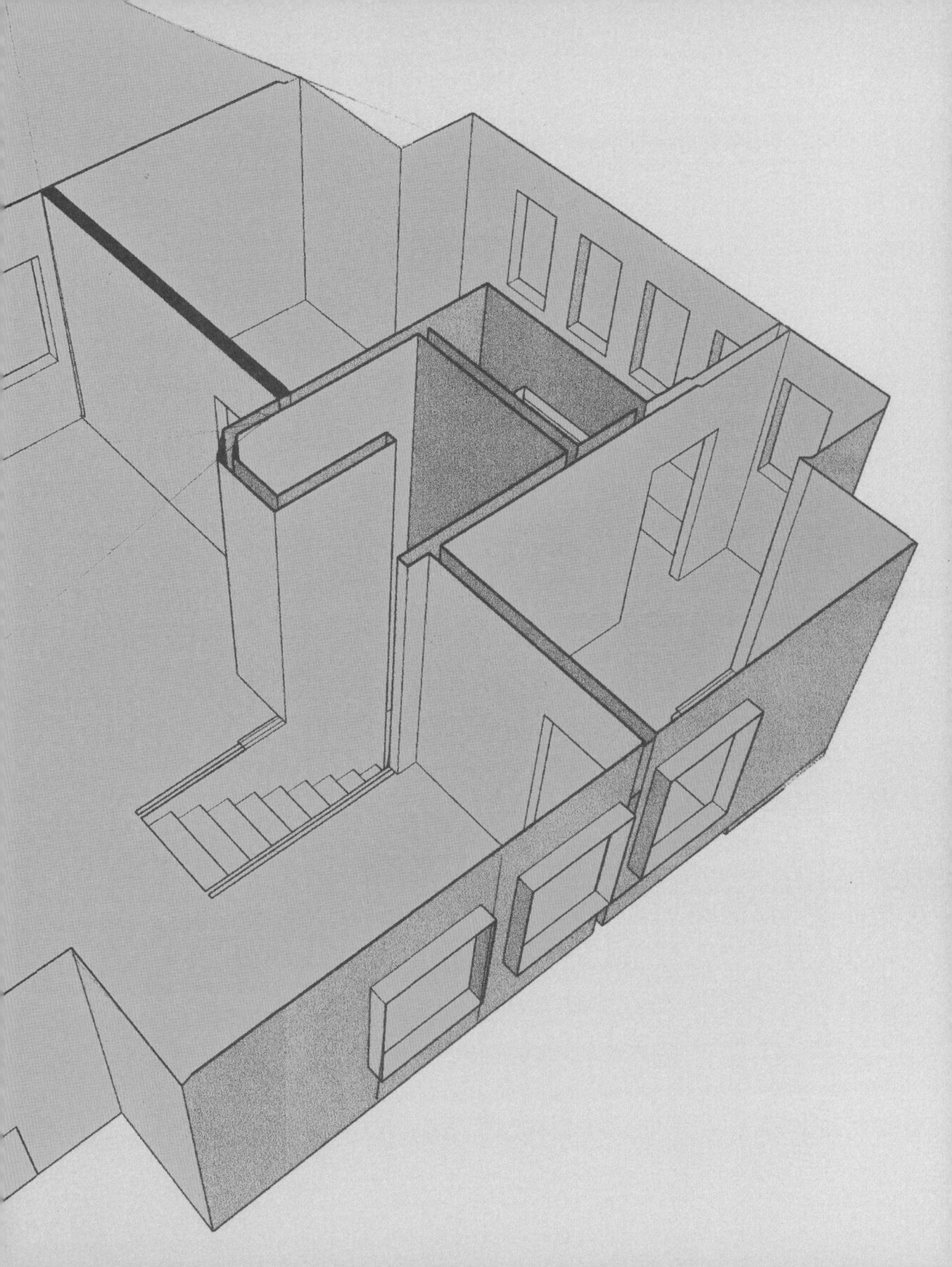

차례

1 인테리어 디자인, 인테리어 디자이너 ········· 8

2 인테리어 디자인의 구성 요소 ········· 20

3 축척 ········· 44

4 건축 양식과 인테리어 디자인 ········· 54

5 색 ········· 64

6 모두 모아서 합치기 ········· 74

7 마무리 ········· 94

8 나를 닮은 방 꾸미는 연습 ········· 100

1 인테리어 디자인, 인테리어 디자이너

인테리어 디자인은 우리가 한층 더 좋은 삶을 누릴 수 있게 해 주어요!

인테리어 디자이너는 '편안하고 실용적이며 아름다운 공간'을 창조하는 사람이에요. 자신의 예술적 재능을 건축 구조와 인간 감정에 대한 지식과 결합시켜 최선의 결과물을 내기 위해 노력하지요.
인테리어 디자인이 잘되면 집에서의 생활도 여유롭고, 직장에서의 업무도 더 잘 이루어져요. 사람들은 좋은 공간에서 각자 최선을 다할 수 있어요.

인테리어 디자이너는 예술 작품의 마지막 한 조각을 완성하려는 화가와 비슷해요. 둘 사이에 다른 점이 있다면, 화가는 형형색색의 물감통에 붓을 담그지만 인테리어 디자이너는 색뿐 아니라 벽과 바닥과 창문 재료를 선택한다는 거예요. 딱 알맞은 탁자와 의자와 조명과 장식을 선택하여 공간을 정돈하고 각 방을 효율적인 공간으로 만든답니다.

'건물 내부가 사람들에게 어떤 느낌을 줄까?'
이는 인테리어 디자인에 있어 중요한 부분이에요.

여러분은 집에 있을 때 어떤 느낌이 드나요? 따뜻하고 편안한가요?
집 안을 달리거나 소파에서 뛰어도 된다고 느끼나요? 반대로 단정하고 바르게 행동해야 할 것 같은가요?
집에서 나와 근처 가게까지 걸어갈 때는 어떤가요? 활기차고 즐거운 기분인가요?
집이 아닌 장소에서는요? 예를 들어 치과를 떠올려 볼까요? 흥미진진하고 환영받는 느낌인가요? 좀 무서운 느낌이 들지는 않나요?

이 책에서 여러분은 테일러의 그림과 함께 테일러가 어떤 선택을 했는지 살펴볼 거예요. 테일러는 인테리어 디자이너랍니다. 테일러의 집은 위쪽에 다락방이 있는 복층 구조를 하고 있어요. 그녀는 복층을 손님방과 욕실, 그리고 재택 근무를 할 수 있는 홈 오피스로 꾸밀 생각이에요.

테일러는 어릴 때부터 그림 그리기를 좋아했어요.
방의 가구를 옮겨서 재배치하기도 좋아했어요.
테일러가 열 살이 되자, 테일러의 부모님은 침실을
다시 디자인하게 해 주셨어요. 테일러는 새 침대와
책상, 선반을 골랐어요. 바닥에는 초록색 러그를 깔고
창문에는 알록달록 줄무늬 커튼을 달았지요.
벽은 노란색으로 칠했어요. 벽에는 가족사진이나
친구들과 찍은 사진을 걸고, 선반 위쪽으로 메모와 작은
엽서 등을 붙여 놓을 수 있는 게시판을 설치했어요.

여러분의 침실은 어떤가요? 한번 떠올려 보세요.
책이나 좋아하는 물건들을 어디에 수납하고 있나요?
방에서 바꾸고 싶은 게 있다면 무엇인가요?

고등학생이 된 테일러는 미술과 디자인 수업을 매우 좋아했어요. 대학에 가서 인테리어 디자인을 공부하기로 했지요. 대학에 들어간 뒤에는 미술과 건축의 역사, 부엌과 욕실의 디자인, 색채학 등을 배웠어요. 경영과 마케팅 수업도 들었고요. 많은 수업 중에서 테일러가 가장 좋아한 건 컴퓨터를 활용한 드로잉과 건축 설계였어요.

테일러는 대학을 졸업하고 나서 인테리어 디자인 스튜디오에서 일하게 되었어요. 그곳에는 재능 있는 사람들이 무척 많았어요. 그들과 함께 일반 가정집부터 병원까지 다양한 건축물의 인테리어 디자인을 담당했답니다.

최근에 테일러는 자신의 집에 더 많은 공간이 필요하다고 생각하게 되었어요. 그래서 고민 끝에 복층을 개조하는 리모델링 작업을 하기로 마음먹었어요. 일단 복층의 바닥과 벽 공사를 해야 할 것 같아요. 복층은 어두울 뿐 아니라 겨울이면 춥고 여름에는 더웠어요.

복층으로 향하는 문을 열고 계단 아래에 서서 올려다보니 그녀의 가족이 수년간 보관해 온 잡동사니가 한가득 쌓인 어두컴컴한 공간이 눈에 들어왔어요. 테일러는 이곳이 아름답고 쓸모있는 공간으로 재탄생한 모습을 상상해 보았어요.

리모델링을 하려면 먼저 지금 상태 그대로 복층의 평면도를 그려야 해요. 그래야 이 공간의 면적을 정확히 파악할 수 있을 테니까요. 벽과 모서리의 세세한 모양도 알 수 있고요.

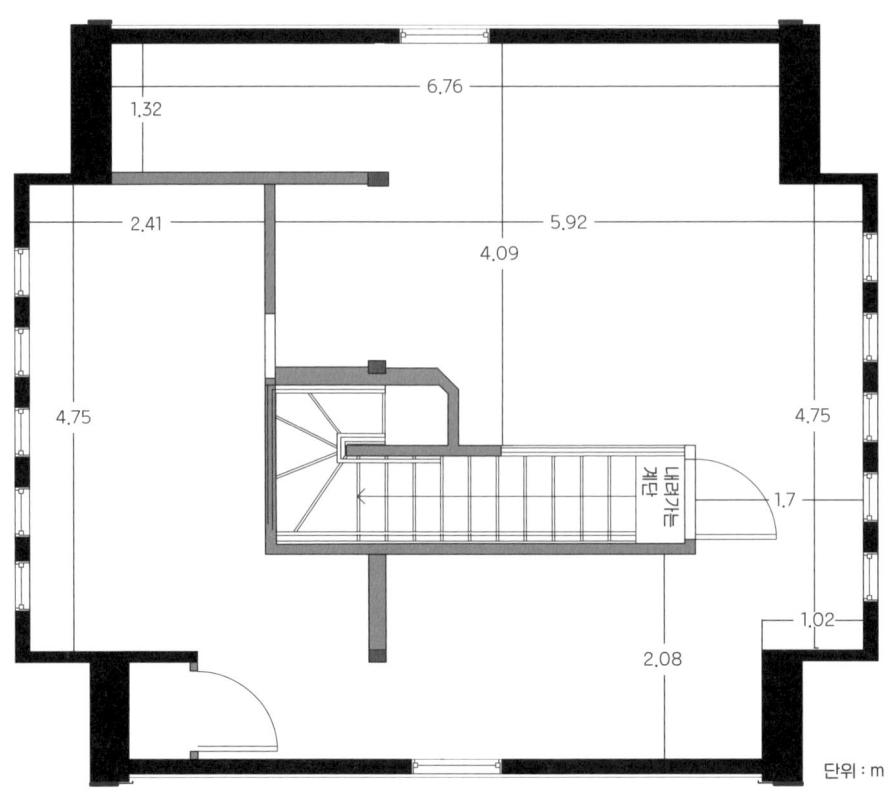

현재 복층의 평면도

그러고 나면 새 디자인 도면을 그릴 거예요. 이 공간을 어떻게 바꿀지 한눈에 볼 수 있게끔요. 어느 부분이 달라졌을까요? 이제부터 복층에 생길 변화에 대해 하나씩 차근차근 이야기해 볼게요.

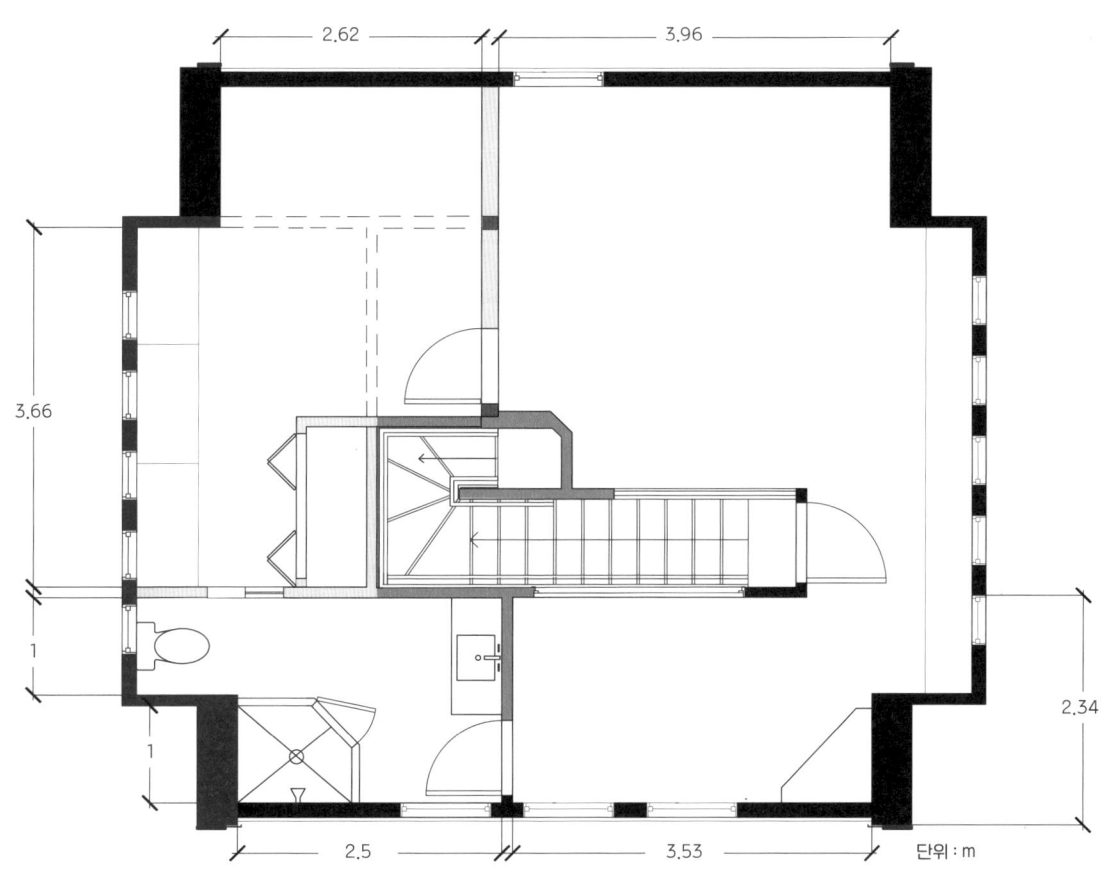

리모델링한 복층의 평면도

2
인테리어 디자인의 구성 요소

그 전에 먼저 공간을 아름답고 유용하게 만드는 여러 구성 요소에 대해서 알아보기로 해요.

건축물이 모두 저마다 다르듯이 내부 공간도 저마다 달라요. 하지만 어떤 방이든 똑같이 갖고 있는 기본 구성 요소가 있어요. 문, 창문, 창문 가리개, 바닥재, 붙박이, 가구들, 배관 설비, 조명, 그리고 여러 장식들이에요.

문과 창문부터 살펴볼까요? 집이나 건물의 종류가 다양한 것처럼 문과 창문의 종류도 다양하지요.
문은 비바람으로부터 집을 보호해요. 사생활이나 안전을 지켜 주는 역할도 하고요. 문의 크기와 모양과 스타일은 전체 건물의 건축 스타일을 더욱 돋보이게 해 주는 요소랍니다.

우리가 흔히 보는 문은 여러 개 혹은 하나의 판으로 이루어져 있어요.
물론 그냥 평평하게 만들어진 문도 있지만요.
문에 가느다란 널판지로 만들어진 루버(비늘살)이 있거나, 스크린을
달면 채광이나 통풍을 조절할 수 있어요.

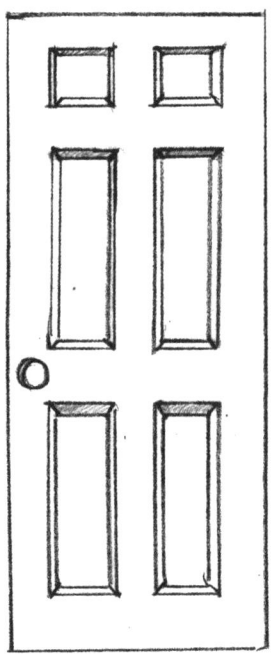 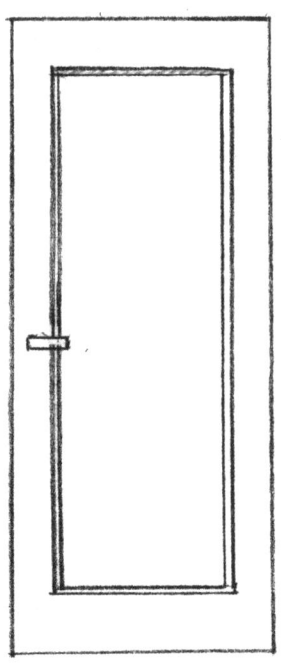 

예전에는 농장의 헛간 등에 트랙을 따라 움직이는 큰 문을 달았어요. 요즘은 농장이 아닌 집이나 사무실에 이런 문을 달아 멋스러운 분위기를 내기도 해요.

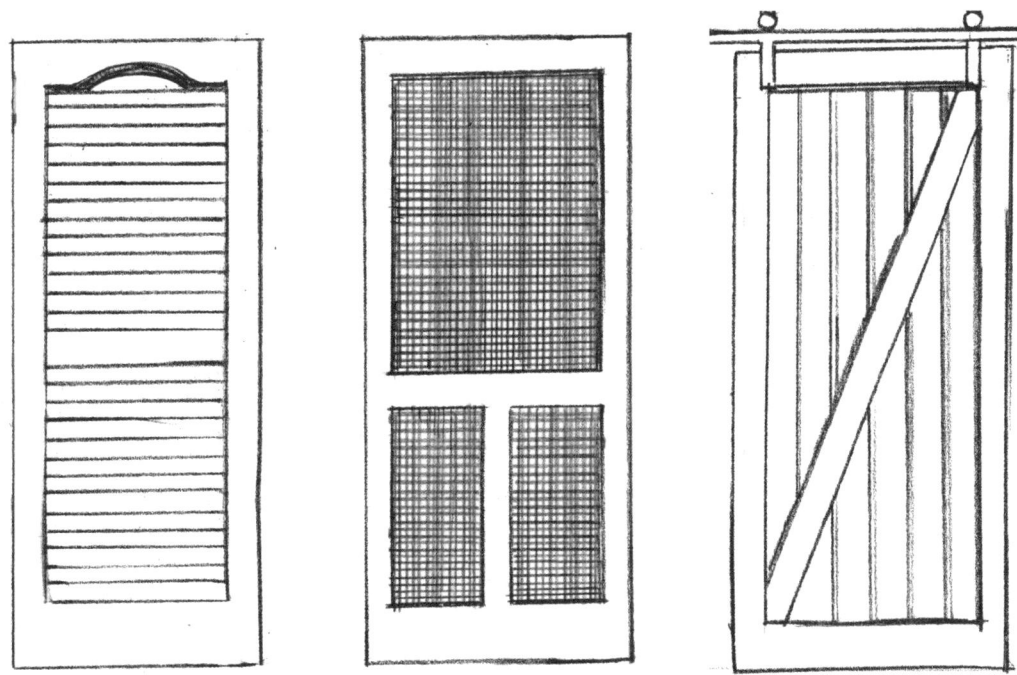

가운데를 밀면 양쪽으로 열리는 문을
'프렌치 도어'라고 불러요.

옆으로 움직이며 열리는 문은
'슬라이딩 도어'라고 부르지요.

창문을 통해 들어오는 햇살은 우리를 기분 좋게 해요. 겨울이면 햇살 덕분에 내부 공간이 따뜻하게 유지되고요. 햇살이 방 안을 비추면 전기 조명을 덜 사용할 수 있어요.

창문의 방향은 낮 동안 태양의 이동에 따라 건물 내부로 들어오는 빛의 강도와 성질에 영향을 미쳐요. 여러분의 집에서는 어떤가요? 아침에 잠에서 깰 때 햇살이 침실 창문을 내리쬐나요? 늦은 오후에는 부엌으로 빛이 들어오나요?

'전망창'은 바깥 풍경에 테두리를 둘러 액자처럼 보이게 만든 창이에요.
열리지 않는 단단한 판유리 하나로 창을 만들곤 해요.

창문이 방을 가로질러 서로 마주 보게 배치되어 있으면 통풍이 잘돼요.
시원한 바람 덕분에 에어 컨디셔너의 사용을 조금은 줄일 수 있어요.

다음은 우리 주변에서 가장 흔하게 볼 수 있는 창문들이에요.

미닫이창은 옆으로 움직이며 열려요. 여닫이창은 한쪽에 경첩이 달려 있어 손잡이로 여닫지요. 오르내리창은 위쪽 유리는 열리지 않고 자리에 고정되어 있으며, 아래에서 위로 열려요. 이밖에 창문짝 두 개가 상하로 나란히 매달려 기울어지는 듯 열리는 창문도 있어요.

창문 가리개는 내부로 들어오는 빛이나 소리, 실내 온도의 조절을 도와요.

도톰한 천을 아래로 늘어뜨려서 자연스럽게 주름이 지는 커튼은 천으로 만든 띠나 금속 장식이 달린 고리로 옆이나 가운데서 묶기도 해요.

가볍고 얇은 천으로 속이 비치는 커튼을 만들어 달면 빛이 살짝 들어오면서도 밖에서 안이 들여다보이지 않아 사생활을 보호해 주어요.

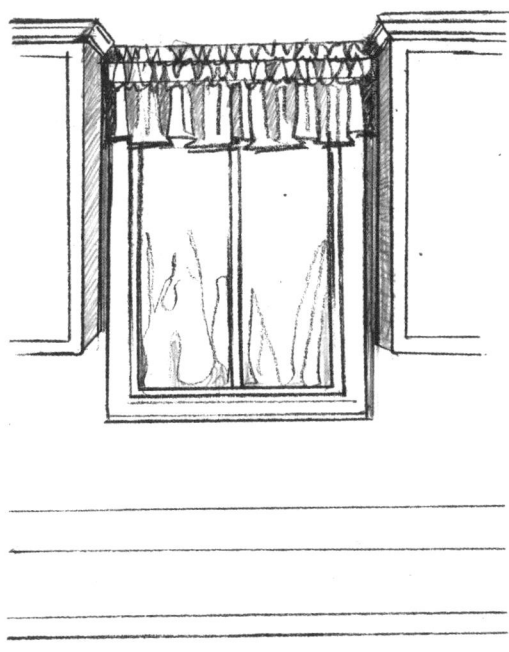

커튼 레일에 짧은 천을 달아 창문 위쪽을 덮으며 장식하는 경우도 있어요.

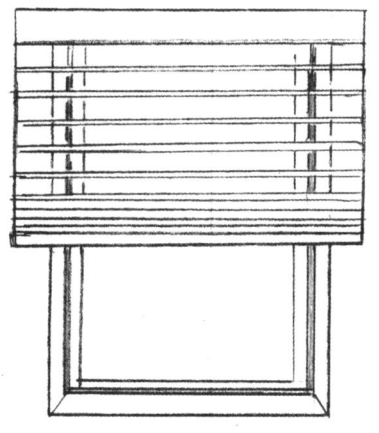  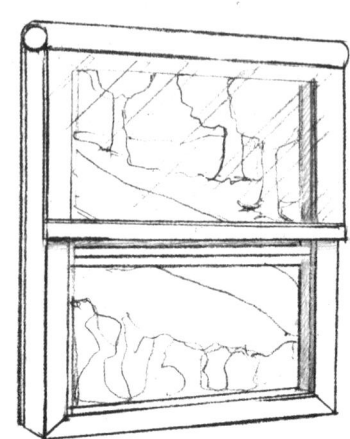

창문에는 위아래로 움직이는 셰이드를 달기도 하는데 빛을 얼마나 투과시킬지, 방을 얼마나 어둡게 할지에 따라 여러 선택 사항이 있어요. 천, 나무, 플라스틱은 물론 천연 식물 소재로 다양한 셰이드를 만들지요.

셔터(덧문), 나무 블라인드, 혹은 이보다 좀 더 촘촘한 미니 블라인드 등은 단단한 재료로 만들어져요. 창문을 완전히 가리거나 햇빛과 바람이 통과하는 각도를 바꾸기 위해서예요.

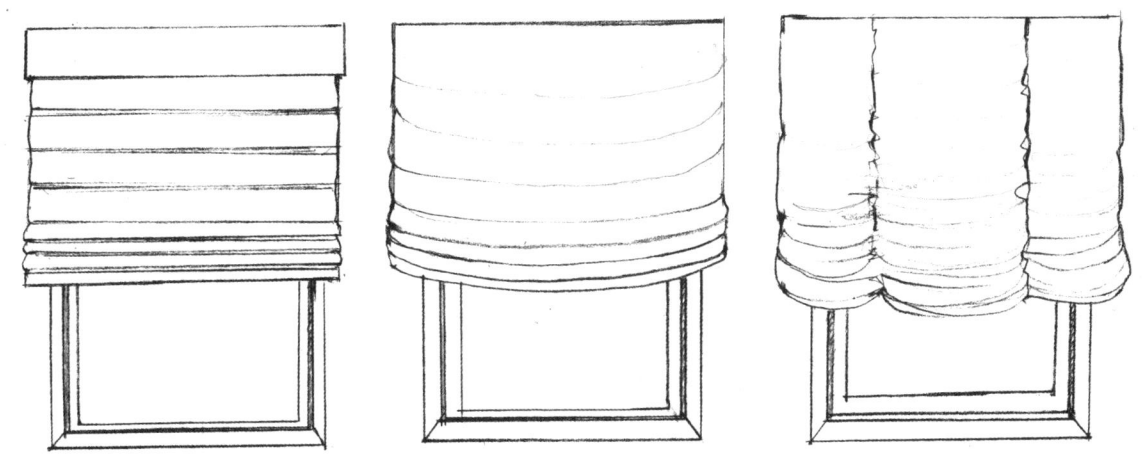

태양의 자외선과 지나친 열기를 차단하려고 가림막을 설치하는 경우도 있어요.

커튼을 대신하여 아래에서부터 층층이 접어 올라가는 형태로 만든 가리개를 '로만 셰이드'라고 해요.

'테두리'라는 뜻의 트림(trim)이라 불리기도 하는 몰딩은 마무리 손질이에요. 문과 창문 주변 등에 생기는 경계선을 덮는 것을 말해요.

크라운 몰딩은 천장과 벽 사이의 경계선을 숨겨 주어요. 전통적인 양식의 집에서 흔히 사용해요.

액자걸이용 레일은 '벽중간돌림띠(문중인방)'라고 불리며, 미술 작품 등을 걸어 놓을 수 있게 벽의 윗부분에 설치하는 장식적인 몰딩이에요. 이와 달리 벽의 중간보다 아래쪽, 하단에 설치하는 경우에는 '의자 레일'이라고 해요. 의자가 벽에 찍혀 생기는 자국이 남지 않게 보호하는 역할을 하거든요.

바닥 몰딩은 벽과 바닥의 경계선을 덮어서 쥐나 벌레가 몰래 드나들지 않도록 틈을 메워 주어요.

바닥재로는 목재, 석재, 타일 등 천연 재료와 비닐수지, 콘크리트, 도자기, 세라믹 등 인공 재료가 있어요. 이런 재료들은 단단한 바닥 표면을 만들어요.

여기에 카페트를 깔면 부드러운 표면이 되지요. 북슬북슬하면서 두터운 카페트, 단단하게 짜여서 판판한 카페트 등을 흔히 보았을 거예요. 세상에는 상상하는 만큼이나 수많은 색과 문양을 가진 카페트가 있어요.

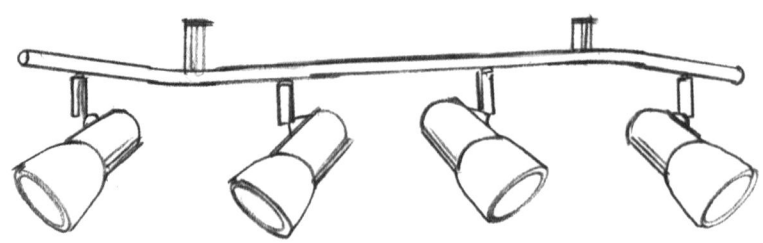

인테리어 디자인에서 조명의 적절한 배치는 중요한 문제예요. 어느 시간대에나 사물을 잘 볼 수 있느냐와 관련이 있기 때문이에요. 조명도 종류가 다양해요 전기 콘센트에 직접 연결하는 램프, 천장이나 벽에 설치된 붙박이 조명 등이 있어요. 여러 조명이 어우러져 방의 분위기를 좌우한답니다.

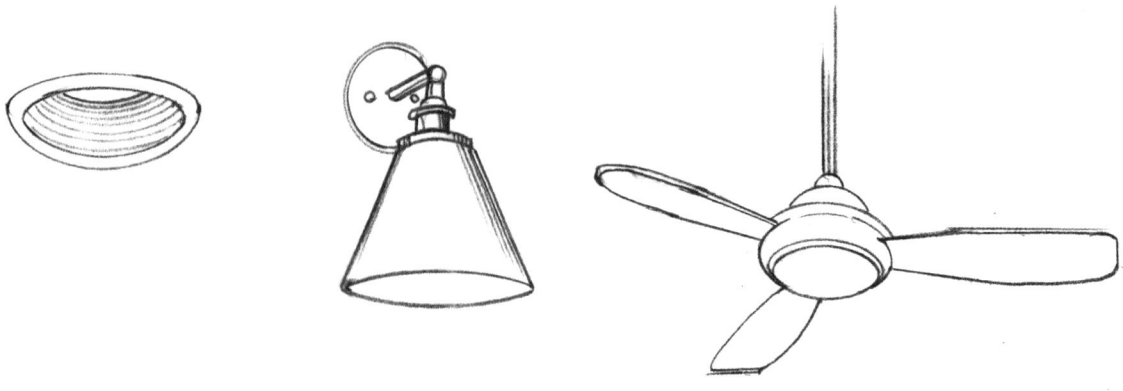

보통 방의 주요 조명은 '천장 매입형 조명'인 경우가 많아요. 천장에 설치한 조명이 고르게 공간을 비추게 하는 거예요.
천장이나 벽면 위쪽을 비추는 업 라이트 조명을 사용하여 은은한 실내 환경을 연출하는 것을 '앰비언트 조명'이라고 해요.
앰비언트 조명에는 종종 조광 스위치가 있어서 빛을 더 환하게 혹은 부드럽게 조절할 수 있어요.

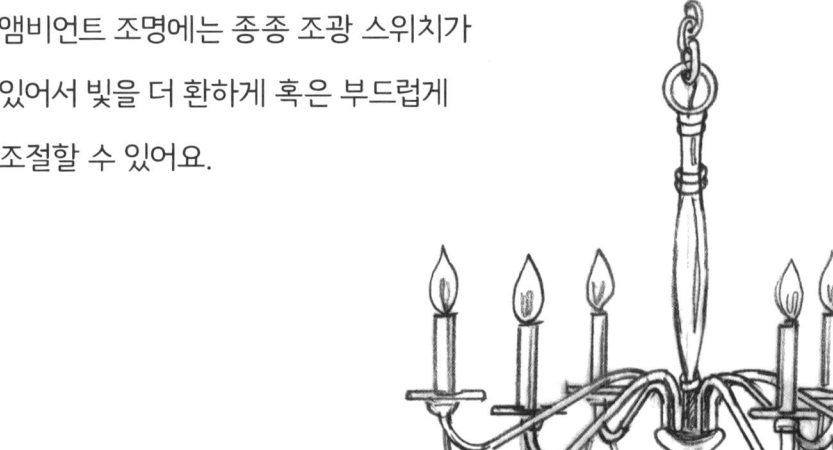

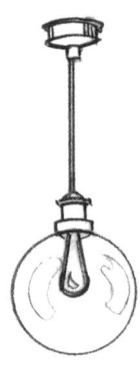

작업 조명은 일하거나 책을 읽거나 요리하는 장소에 빛을 집중적으로 쏘아요. 주방 한쪽에 설치하는 펜던트 등, 침대 옆 탁자의 램프, 거울 위쪽의 벽등, 책을 읽는 의자 곁에 둔 스탠드 조명 등이 모두 작업 조명이에요.

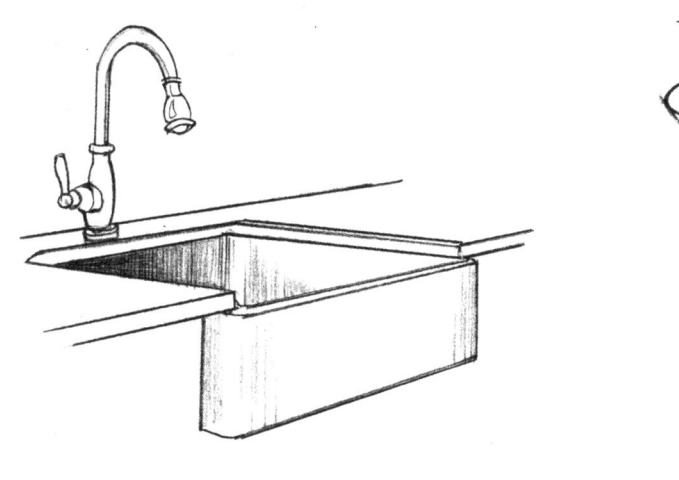
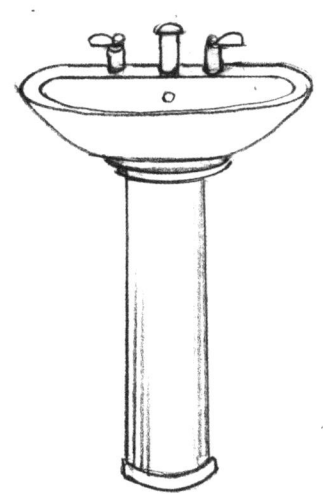

물이 지나는 곳이라면 집 안 어디에든 배관 설비가 있을 거예요. 배관 설비에는 싱크대(개수대), 세면대, 수도꼭지, 변기, 샤워기, 욕조 등이 포함돼요. 배관 설비는 보통 스테인리스나 자기, 금속 등 단단한 재료로 만들어지며, 다양한 형태와 크기가 있어요.

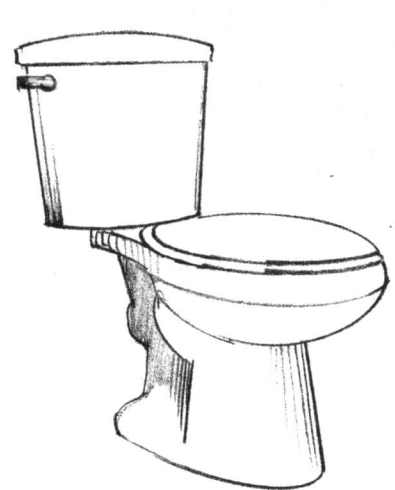
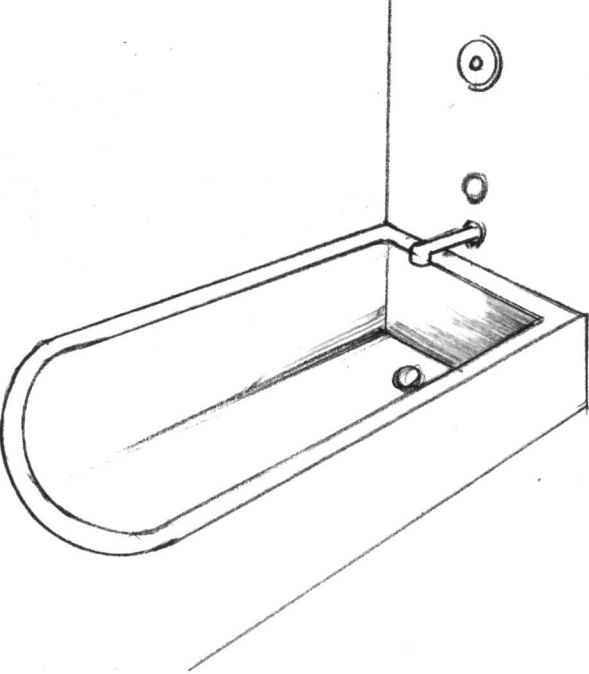

어떤 가구를 선택하고 어떻게 배치할지는 방의 쓰임새와 역할에 달려 있어요. 어느 집에서든 식당에는 으레 식탁과 의자를 놓아요. 수납공간과 음식을 내놓을 가구도 놓고요. 거실에는 보통 소파, 의자, 커피 테이블, 사이드 테이블을 두어요. 아마 한켠에는 책꽂이도 있을 거예요. 침실에는 침대와 사이드 테이블, 옷장을 두지요. 가끔은 의자나 책상을 두는 경우도 있어요.

초, 쿠션이나 베개, 작은 소품, 화분 등 소소한 장식들은 집을 더욱 아늑한 공간으로 꾸며 주어요. 여기에는 개인적인 취향이 반영되어서 디자인된 공간에 개성을 부여한답니다.

붙박이, 즉 빌트인은 벽에 수납장이나 의자를 설치하는 것을 말해요.

오른쪽을 보세요. 테일러가 그린 큰 붙박이장의 입면도가 있어요. 입면도는 물체를 정면에서 본 모습으로 그린 그림이에요. 테일러는 이 붙박이장을 다락방에 쌓여 있던 많은 물건을 보관하려고 디자인했어요. 가족사진, 생일이나 크리스마스처럼 특별한 날에 사용한 장식물 등이지요.

입면도 우측은 이 붙박이장의 단면도예요. 단면도는 붙박이장의 높이와 깊이가 어떤지를 보여 주어요. 마치 붙박이장의 가운데를 잘라서 보는 것처럼요.

여러분의 집에도 붙박이가 있나요?

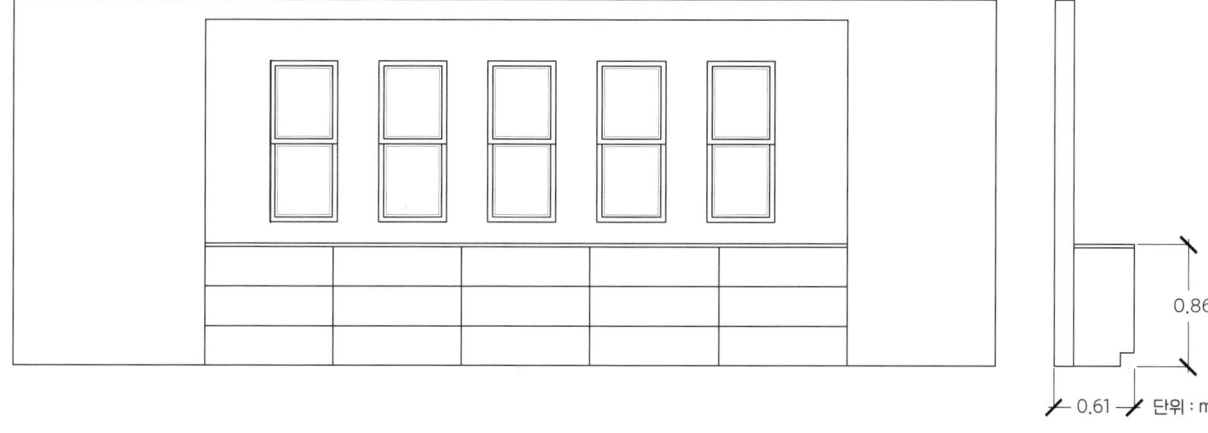

붙박이장의 입면도   **단면도**

3
축척

인테리어 디자이너는 실제 공사를 해 줄 사람들에게 자신이 선택한 사항들을 그림으로 전달해요. 건축가처럼 평면도, 단면도, 입면도 등을 활용하지요.

이때 방을 실제 크기로 종이 한 장에 그릴 수는 없기 때문에 종이 크기에 맞게 줄여서 그려야 해요. 여기에 쓰이는 것을 '축척'이라고 해요. 축척은 종이에 그려진 대상이 실제에 비해 얼마나 줄었는지를 보여 주는 거예요. 만약 인테리어 디자이너의 그림이 10분의 1 축척으로 그려졌다면 실제보다 10분의 1로 줄여서 그렸다는 뜻이에요.

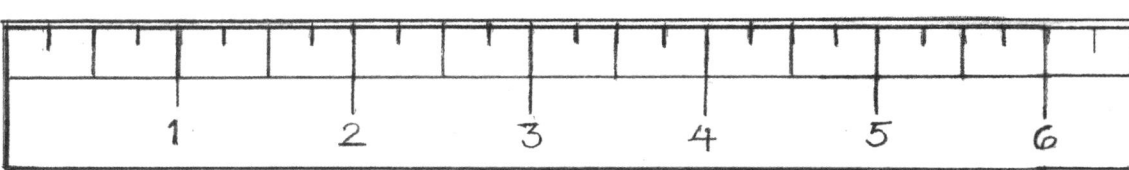

다음 두 그림을 비교해 보세요. 테일러의 욕실을 위에서 내려다본 모습으로 그린 평면도예요. 아래 그림은 50분의 1 축척으로 그렸고, 오른쪽 그림은 25분의 1 축척으로 그렸어요. 다시 말해 하나는 실제 모습을 50분의 1로 줄여서 그렸고, 다른 하나는 25분의 1로 줄여서 그렸다는 뜻이에요.
이처럼 축척에 따라 같은 공간을 그리더라도 그림 크기가 달라진답니다.

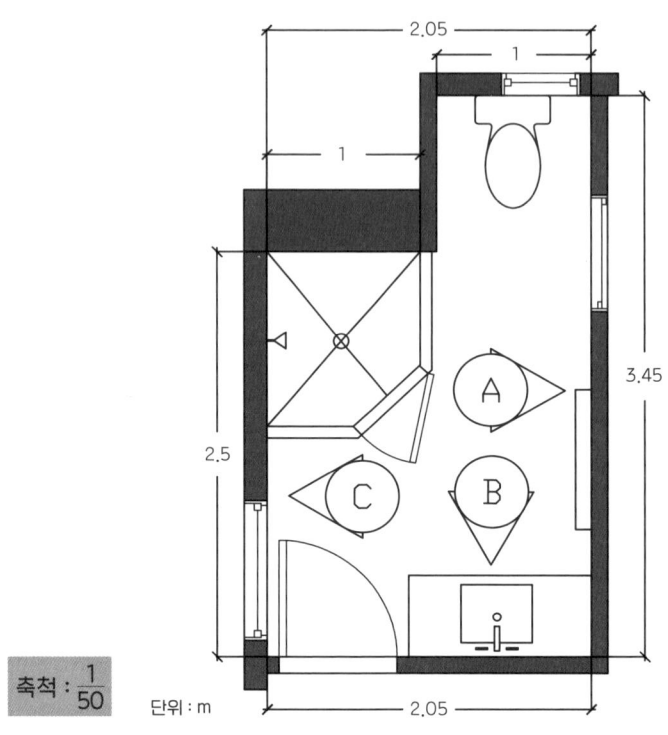

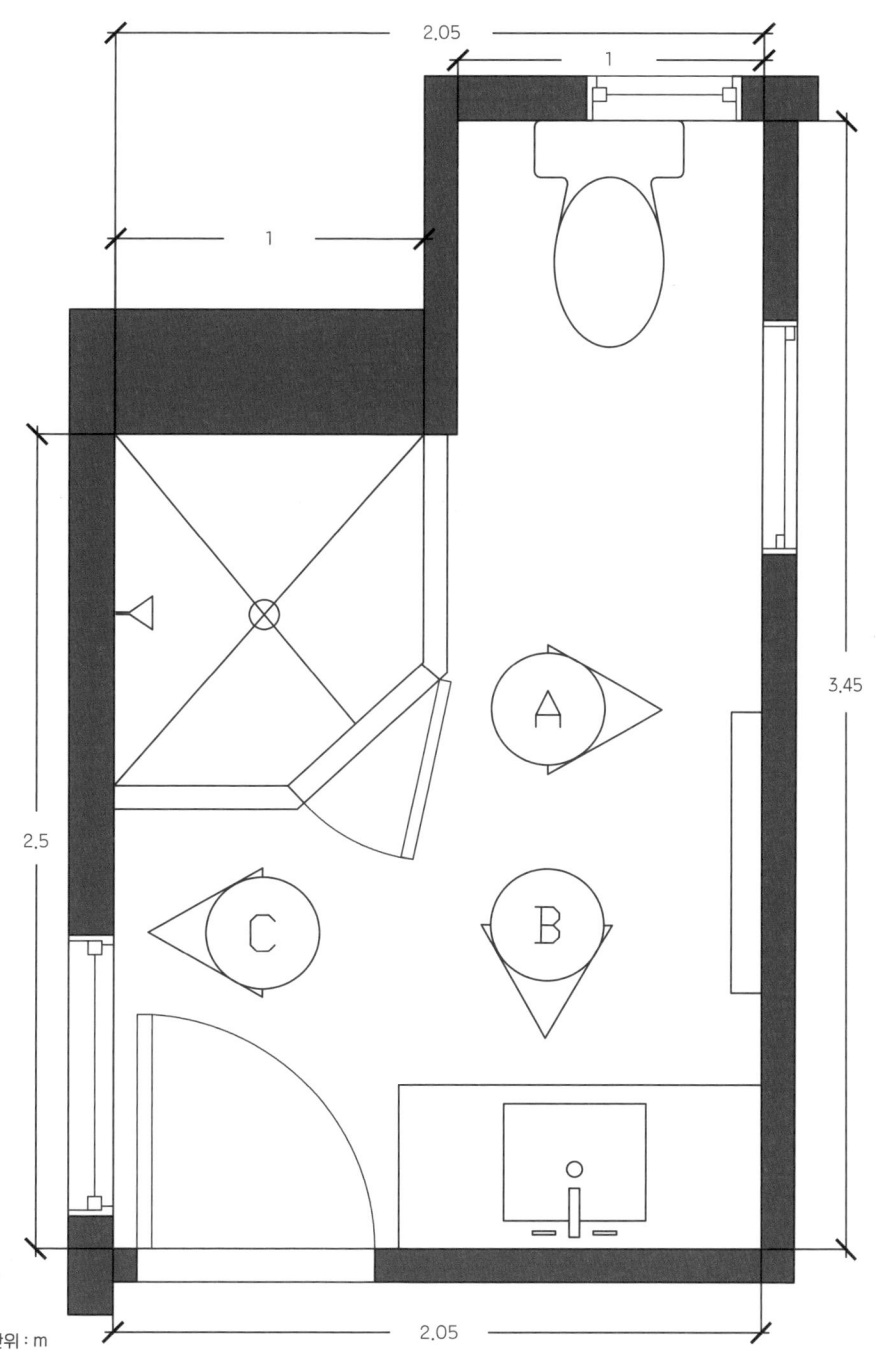

평면도는 로드맵(자동차용 도로 지도)과 같아요. 위에서 내려다보듯 레이아웃(사물의 배치)을 보여 주어서 공간을 옮겨 다니는 것처럼 머릿속에 그릴 수 있어요.

앞에서 본 18쪽의 평면도는 복층의 지금 모습 그대로를 담았고, 19쪽의 평면도는 복층이 바뀐 뒤의 모습을 보여 주었어요. 아래 그림은 여기에 설명을 더한 거예요.

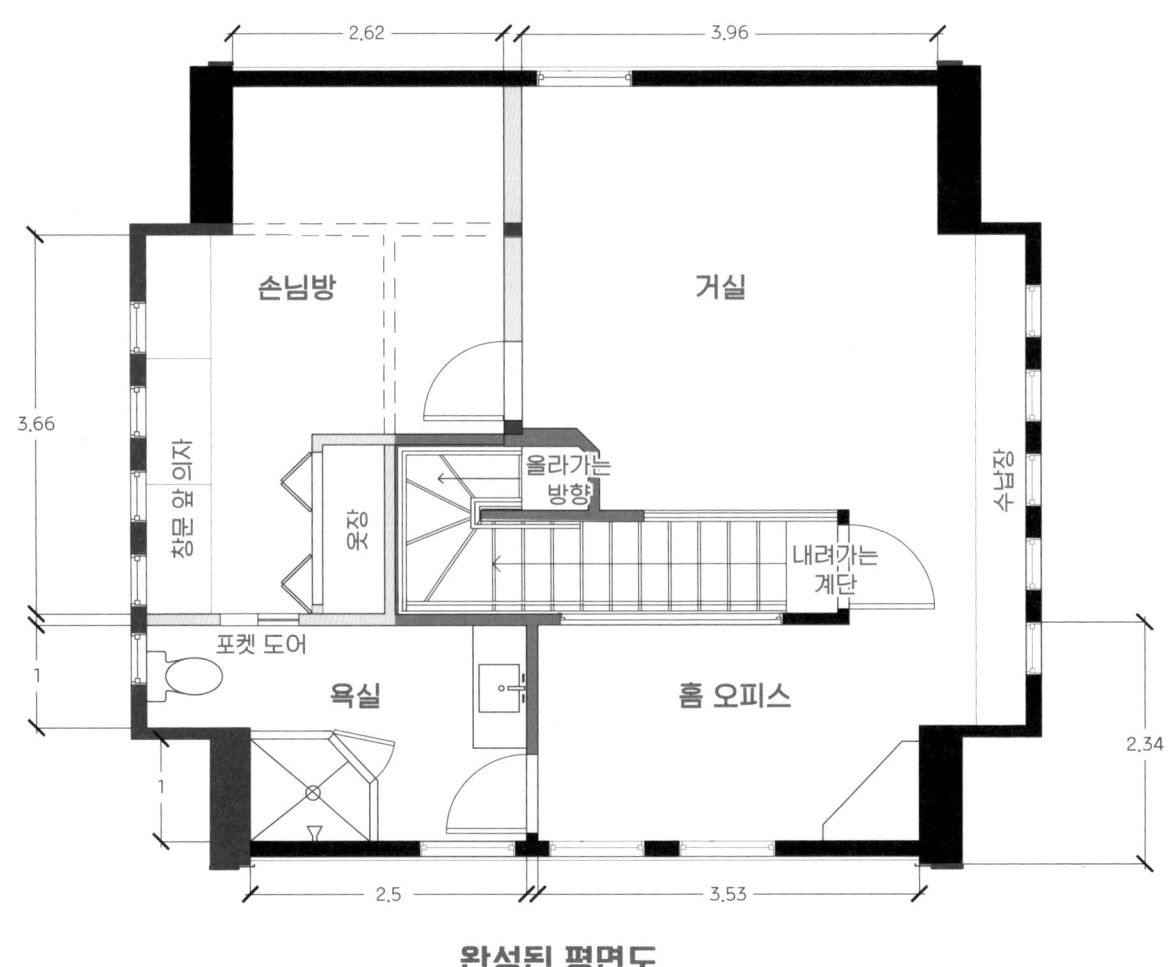

완성된 평면도

완성된 복층의 평면도는 손님방과 욕실과 홈 오피스를 분리하는 새 벽을 어디에 세워야 하는지 보여 주어요. 문과 창문이 어떻게 설치될지도 알려 주고요.

평면도에는 여러 기호가 사용되어요. 기호 덕분에 공간을 많이 차지하지 않고도 간편하게 정보를 담아 전달할 수 있어요.

기호	설명
■	구역 표시
▬	현재 벽
-----	제거할 벽
▨	새로 만들 벽
▭	창문
⌐	문(어느 방향으로 열리는지 보여 준다.)
▭	포켓 도어(매립형 미닫이문, 문이 열리면서 벽체 속으로 들어간다.)
←	계단(이동 방향을 보여 주는 화살표가 표시되어 있다.)
∧ ∧	양쪽 접이문
△	샤워 꼭지
⊗	샤워기
🚽	변기
🚰	세면대

기호

욕실 입면도

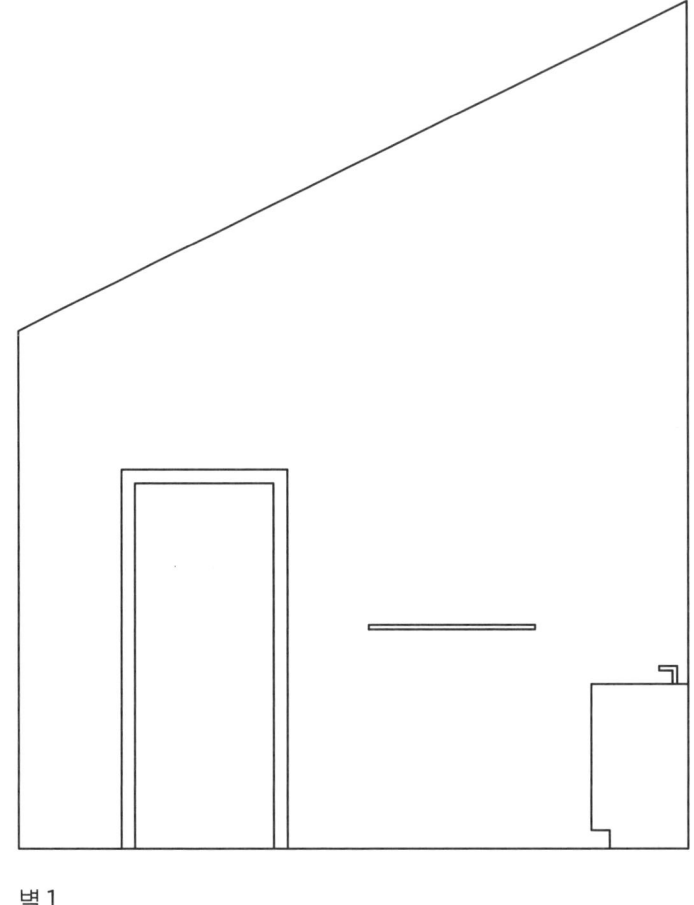

벽1

입면도는 방의 각 벽에 따른 세부적인 사항을 입체적으로 보여 주지요. 이 입면도에는 천장과 창문과 문이 포함되어 있어요. 입면도에서 천장은 보통 일직선이에요. 하지만 이 복층의 천장은 경사진 지붕을 따라 몇 번 꺾인 모습이에요.

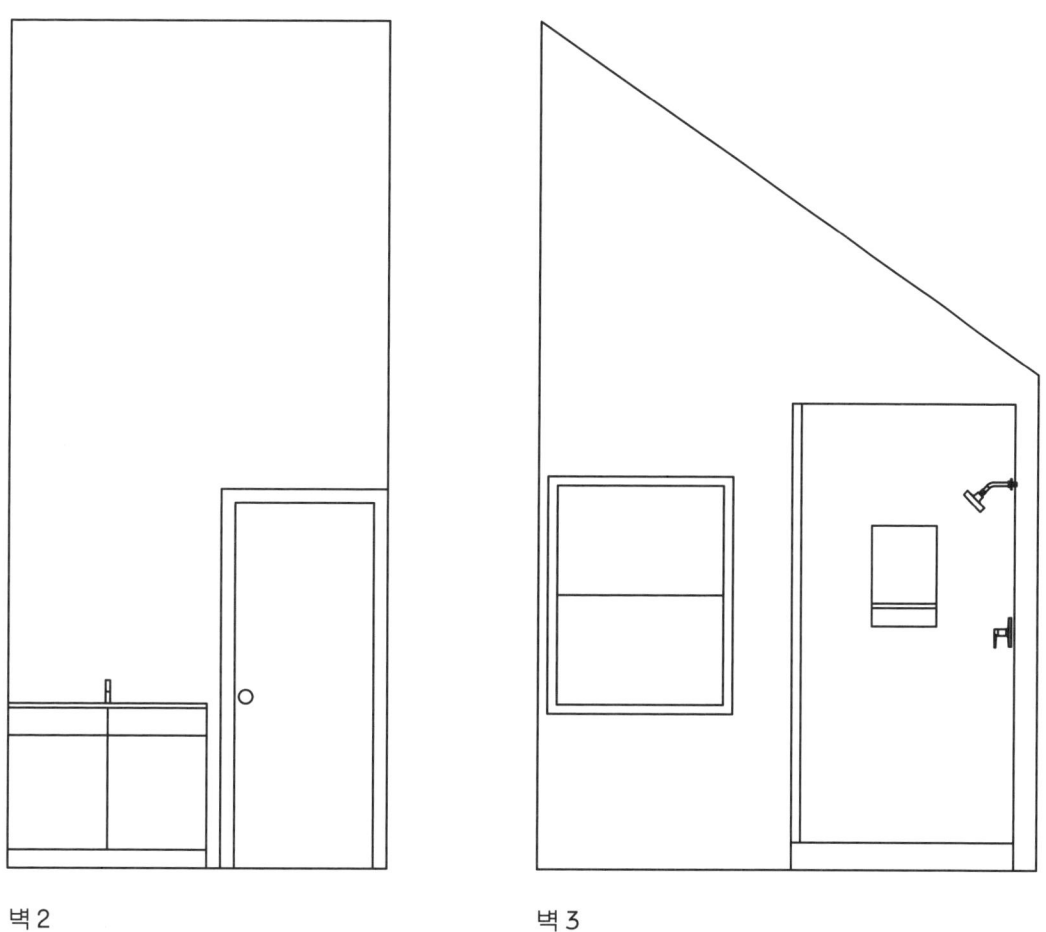

벽 2 　　　　　　　　　벽 3

평면도와 입면도는 함께 하나의 이야기를 완성해요. 공간의 전체 모습을 보여 주면서, 동시에 인테리어 디자이너가 선택한 옷장, 빌트인 수납장, 창문 등이 어떤 모습인지도 보여 주어요.

테일러는 평면도와 입면도를 작성하면서 새로운 공간에 필요한 가구와 수납에 대하여 고민했어요. 평면도를 통하여 공간의 모든 사물이 자리에 정확히 들어맞는지 확인하려고 해요. 인테리어 디자이너의 중요한 일 중 하나랍니다.

다음은 치수를 포함시킨 평면도예요. 테일러는 각 가구의 크기와 그 주변 공간이 얼마나 되는지를 꼼꼼히 확인하고 평면도에 표시했어요. 가구 주변에는 충분한 여유 공간이 필요해요. 가구를 사용하는 사람들이 편히 드나들 수 있어야 하니까요.

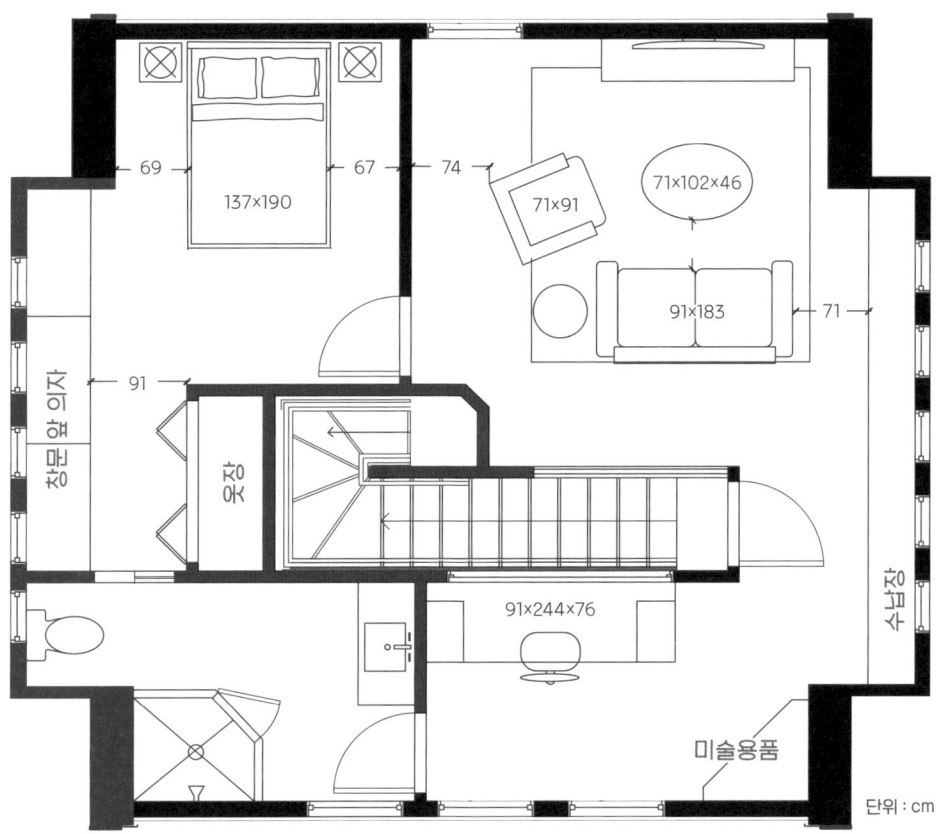

가구 계획

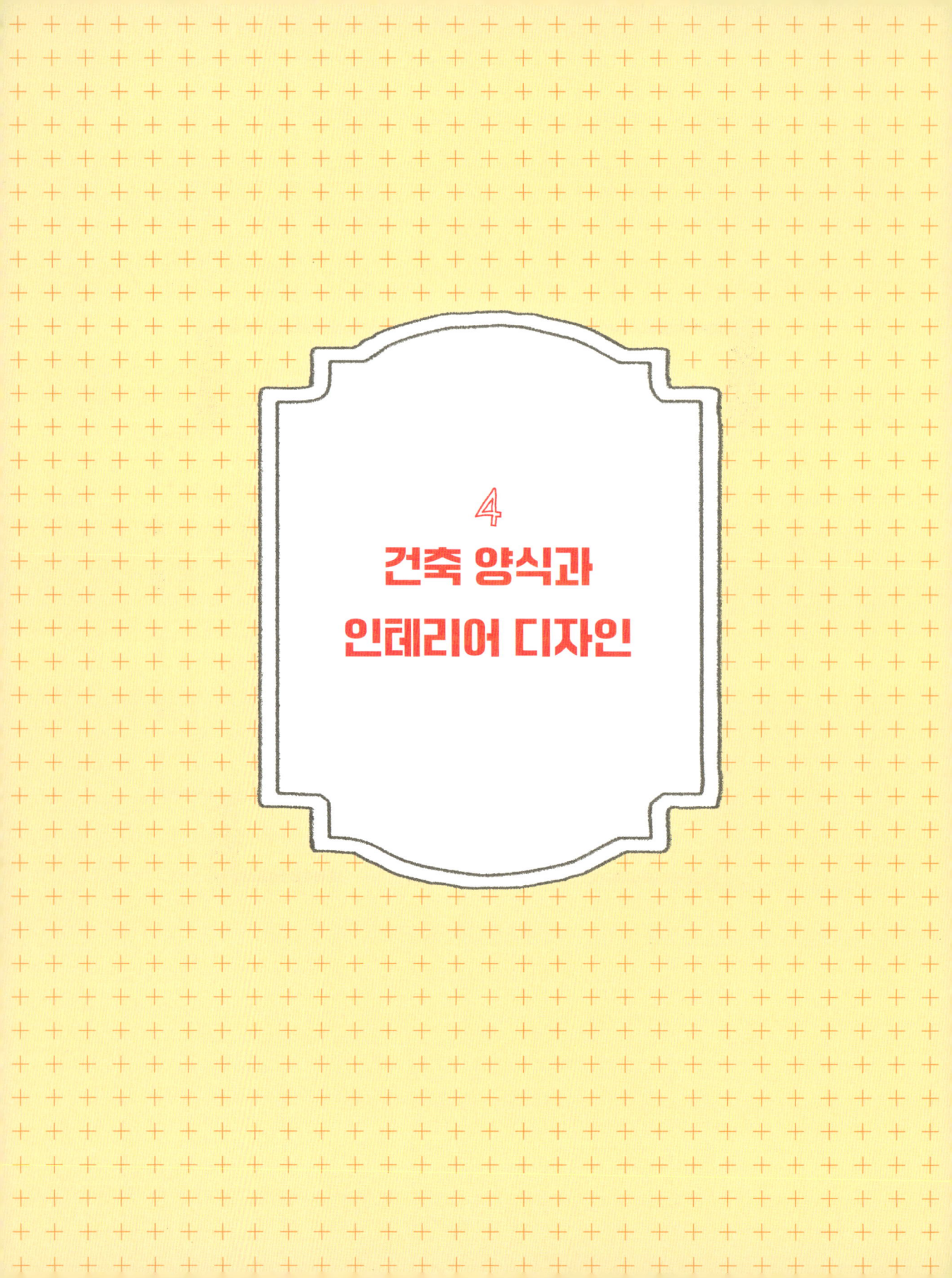

4
건축 양식과 인테리어 디자인

지금까지 테일러는 매우 다양한 건축 양식에 맞춰 인테리어 디자인을 해 왔어요. 어떤 건지 간단하게 말하자면, 먼저 밖에서 집을 보고 어떤 건축 양식인지 알아보는 거예요. 그러고 나서 그 양식을 내부에도 반영하지요. 건축 양식은 인테리어 디자이너로서 여러 선택을 할 때 하나의 기준이 돼요. 이를 바탕으로 디자이너의 감각과 작업을 의뢰한 고객의 취향이 합쳐져서 내부 디자인이 완성된답니다.

양식을 나타내는 말, 다시 말해 '스타일'은 다른 여러 대상과 관련이 있어요. 예를 들어 건축에 다양한 스타일이 있듯, 옷과 가구에도 다양한 스타일이 있어요. 시대별, 지역별로 다양한 인테리어 스타일이 있는데, 여기에서는 대표적인 몇 가지 스타일을 살펴볼게요.

'트레디셔널 스타일'이라 불리는 집은 공통점이 있어요. 다양하게 변형을 하더라도 언제나 시각적으로 균형이 잘 잡혀 있고, 형식미가 있다는 거예요. 그리고 방문객을 따스하게 맞이하는 현관과 입구가 집 가운데에 있는 경우가 많아요. 건축 재료로는 벽돌, 치장 벽토, 돌, 나무 등이 자주 쓰여요. 내부에는 중앙홀 양쪽으로 격식을 차린 거실과 식당이 있으며, 종종 벽난로를 설치하지요.

이에 비해 '모던 스타일'의 집은 대담한 기하학적 라인을 사용하고, 대부분 커다란 창이 있어요. 그래서 거실이 개방된 형태를 취해요. 가구는 격식을 차리지 않은 느낌이에요. 능률적이며, 장식이 많지 않고 간결해요.

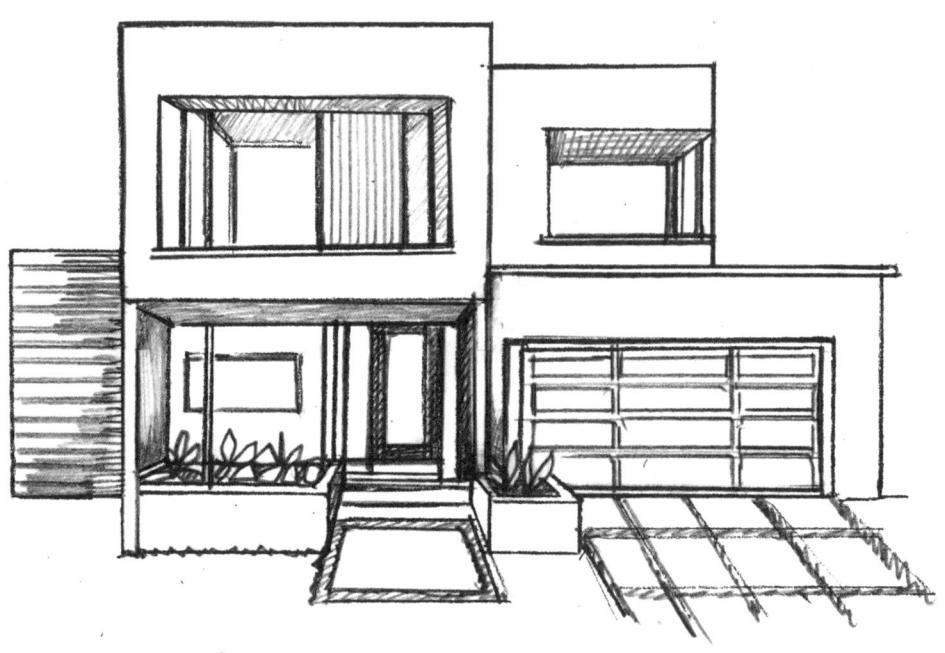

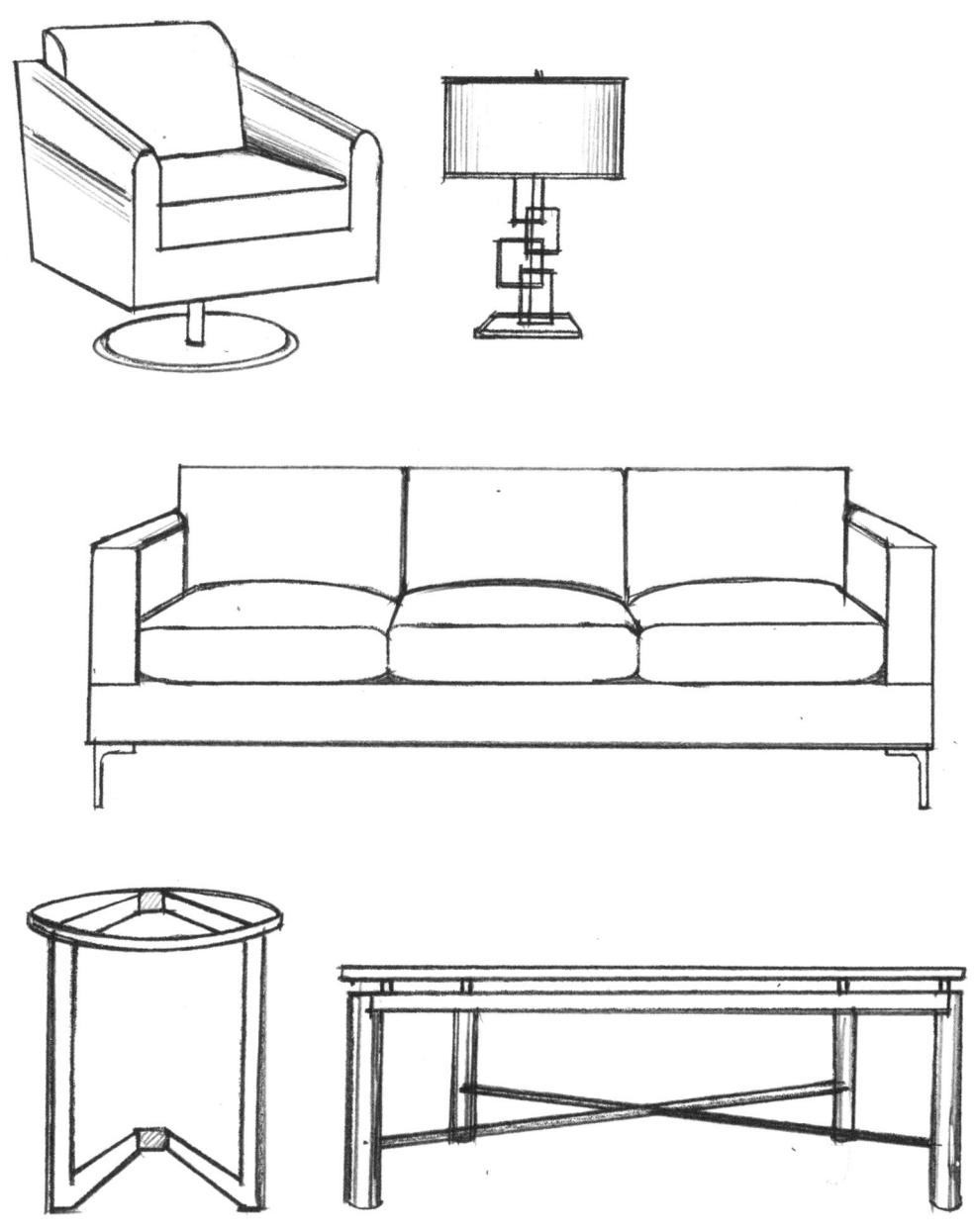

앞의 두 스타일이 섞인 것을 '절충주의'라고 해요. 절충주의는 전통적 요소와 현대적 요소를 모두 가지고 있어요. 절충주의 스타일의 집은 종종 커다란 창이 있고, 벽이 그렇게 많지 않으며, 깔끔하고 단순한 형태를 지녀요.

'컨트리 스타일' 즉, 시골풍의 집은 전 세계 어디에서나 인기가 있어요.
비슷해 보이지만, 지역마다 세부적으로 조금씩 다른 점이 있어요.
컨트리 스타일의 집은 통나무나 돌처럼 자연적 요소를 자주 활용해요.
집 앞쪽에는 보통 큰 베란다와 현관이 있지요. 가구는 대부분 아늑한
느낌이에요. 다양한 재질이지만 부드럽고요.

테일러의 집도 컨트리 스타일이에요.
밖에서 보면 이렇게 생겼답니다!

5
색

색에 대한 이해는 인테리어 디자이너가 꼭 갖춰야 하는 주요한 기술 중 하나예요! 색은 공간의 느낌과 분위기를 좌우해요. 디자인하려는 공간에서 원하는 무드를 내고 싶다면 어떤 색상과 색값, 톤, 셰이드를 선택할지가 관건이에요. 인테리어 디자인에 있어 색의 선택과 배합은 핵심적이랍니다.

색을 이해하려면 몇 가지 개념과 용어를 알아야 해요.

색상(hue)은 흰색이나 검은색이 섞이지 않은 순수한 색을 말해요. 가장 기본적인 색상은 삼원색이에요. 원색이란 모든 색의 기본이 되는 빛깔을 가리켜요. 삼원색은 빨강, 파랑, 노랑이에요. 이 세 가지 색상은 다른 어떤 색을 혼합해서도 만들 수 없어요.
원색은 어린이들을 위한 공간이나 패스트푸드 음식점 등에 자주 사용돼요. 밝고 유쾌한 분위기를 강조하는 장소에서 주로 사용되지요. 이에 비해 일반 가정집이나 사무실, 숙박 시설, 의료 기관 등에 쓰이는 색상은 대부분 톤 다운되어 더 옅고 덜 강렬한 느낌이에요. 이런 색상은 사람들의 마음을 진정시키고 편안한 공간을 만든답니다.

미술 시간에 '색상환'이라는 말을 한 번쯤 들어 보았을 거예요. 색을 동그랗게 배열한 도표 말이에요. 오른쪽 색상환에는 빨강, 파랑, 노랑 외에 다른 색상들이 있어요.

등화색은 두 원색을 섞었을 때 생기는 색상이에요. 그래서 '중간색, 이차색'이라고도 해요. 색상환에서 양쪽의 두 원색을 섞어서 나온 주황(빨강+노랑), 초록(노랑+파랑), 보라(파랑+빨강)가 등화색이에요. 오른쪽 색상환에는 없지만, 가까운 두 가지 등화색을 섞었을 때 생기는 색상은 '삼차색'이라고 불러요. 자주, 남색, 청록, 연두, 귤색, 다홍색이지요.

색상환의 색들은 난색과 한색으로 나뉘어요.

난색은 빨강, 주황, 노랑 등처럼 따뜻한 느낌을 주는 색상이에요. 이런 색상들로 내부 공간을 디자인하면 따스하고 신나고 즐거운 분위기를 만들 수 있어요.
한색은 색상환에서 난색과 반대쪽에 위치하며 차가운 느낌을 주는 색상이에요. 이런 색상들로 디자인하면 자연과 가깝고 편안한 분위기의 공간을 만들 수 있어요.

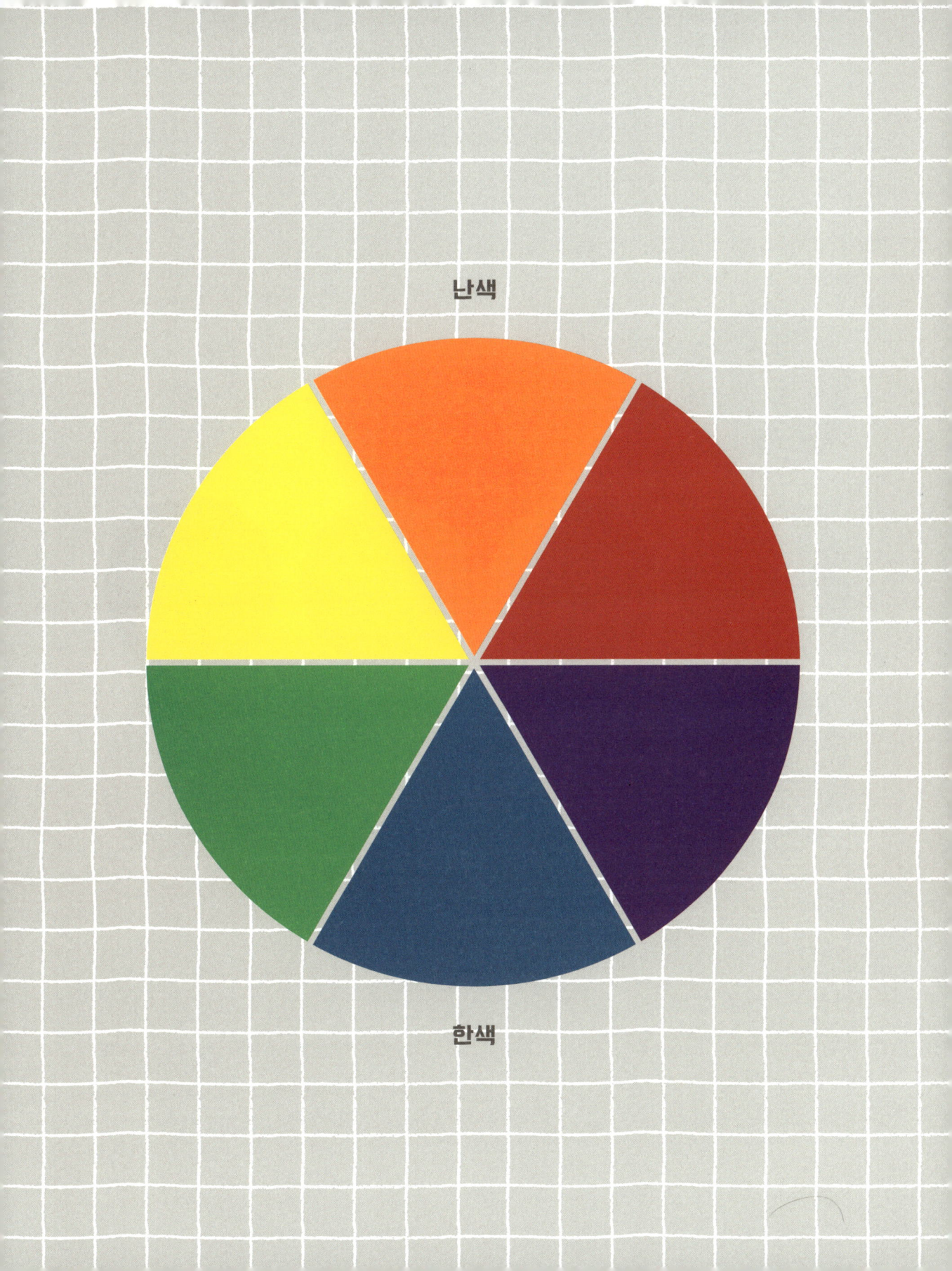

어떤 색상에라도 흰색, 회색, 검은색을 섞으면 무수히 많은 색들을 만들어 낼 수 있어요.

틴트(tint)는 색상에 흰색을 섞은 거예요. 원래 색상보다 밝아요.
셰이드(shade)는 '음영'이라고도 해요. 색상에 검은색을 섞은 거예요. 원래 색상보다 어둡지요.
톤(tone)은 색상에 회색을 섞은 거예요. 매우 다양한 명도와 채도를 지닐 수 있어요.

인테리어 디자이너는 공간 안에서 두 가지 이상의 색이 서로 잘 어우러지도록 설계해야 해요. 디자인에 따라서 어떤 색들을 배합할지 고르고, 이에 따라 색 팔레트를 만들지요.

인테리어 디자이너가 즐겨 사용하는 몇몇 색채 배합을 소개할게요.

단색 색채 배합은 같은 색상의 톤과 셰이드를 사용하는 거예요. 색 팔레트에는 주로 '뉴트럴 컬러'라 부르는 채도가 낮은 담갈색 계열의 색들이 들어가요. 흙빛을 띤 갈색이나 녹색, 베이지색, 흰색 등이에요.
보색 색채 배합은 함께 놓였을 때 잘 어울리는 두 가지 색상을 사용하는 거예요. 보통은 난색과 한색을 섞어요. 바다를 연상시키는 차가운 파랑과 모래를 연상시키는 온화한 베이지색을 같이 사용하는 식으로요. 따뜻한 느낌을 주는 색과 차가운 느낌을 주는 색을 함께 사용하면 공간에 균형감이 생기거든요.

단색 색채 조합

회색, 베이지색, 황갈색 등의 뉴트럴 컬러

보색 색채 배합 / 주황과 파랑은 색상환에서 서로 반대쪽에 위치해요.

'팝 컬러'라고 들어 보았나요? 채도가 높고 화려한 색을 말해요. 단색 채색 배합의 색 팔레트에서 뉴트럴 컬러를 주로 사용한다고 쳐 볼게요. 여기에 팝 컬러를 넣어서 디자인하면 한층 더 재미있는 공간을 만들 수 있어요. 뉴트럴 컬러보다 눈에 띄게 환한 색을 사용하여 두드러져 보이게 하는 거예요. 터키색 베개, 오렌지색 양초나 알록달록한 그림 등은 경쾌한 리듬감을 주고 방에 개성을 더한답니다.

인테리어 디자이너는 고객이 가장 즐겁고 만족스러운 선택을 할 수 있도록 도와야 해요. 어디에서든 인테리어 디자인에 필요한 배색 팔레트를 위한 영감을 받을 수 있어요. 꽃병, 좋아하는 예술 작품, 노을 풍경을 담은 사진, 아끼는 스웨터 등등 무엇이든 가능해요.

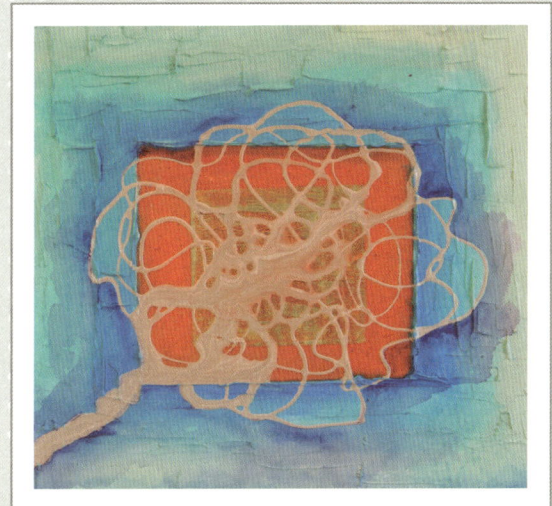

6
모두 모아서 합치기

이번에 테일러의 영감은 숲에서 왔어요. 테일러는 친구와 함께 숲에 간 적이 있어요. 그때 나무들 사이를 걸으면서 평화롭고 여유로운 기분이 들었어요. 복층 프로젝트를 위한 영감을 얻기 위해 그날의 풍경과 분위기, 기분을 다시금 떠올려 보았지요. 손님이 이 공간에 왔을 때 자신이 그때 받았던 것과 같은 느낌을 받았으면 좋겠다고 생각했어요.

복층에는 손님방뿐 아니라 홈 오피스도 들어설 거예요. 작업실의 책상에 앉아 즐거운 기억을 떠올리며 일하면 분명 일도 더 잘되겠지요?

테일러는 자연 속을 거닐며 받았던 느낌을 어떻게 새로운 복층 디자인에 적용했을까요? 같이 한번 살펴보아요.

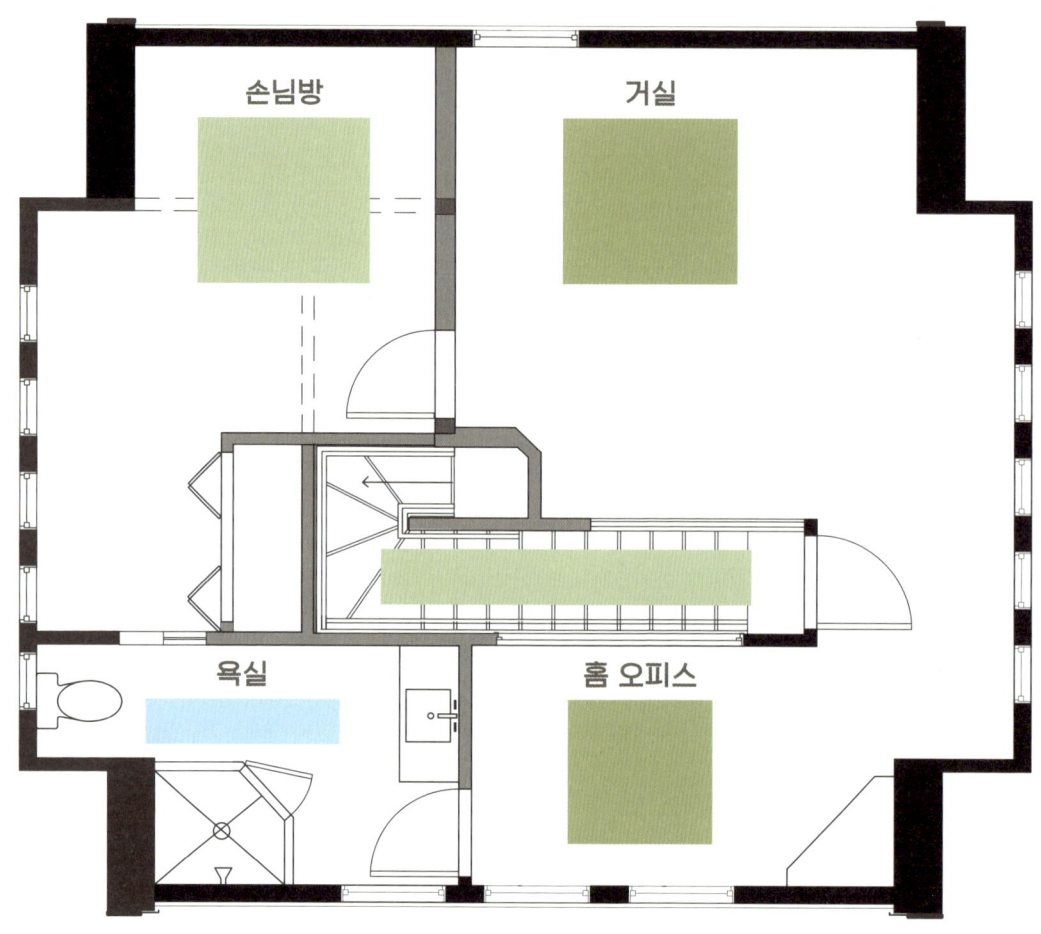

색채 배합 계획

테일러는 먼저 푸른 하늘을 연상시키는 파랑을 골랐어요. 여기에 하얀색을 적절히 섞어서 욕실 벽에 딱 맞는 색을 만들었어요. 이 색을 사용하면 욕실이 차분하면서도 생기 있어 보일 거예요.

홈 오피스와 거실, 손님방의 벽을 위해서는 나무들 사이를 통과하던 햇살을 떠올렸어요. 그런 느낌을 연상시키는 초록의 여러 셰이드를 사용하기로 했지요.

그런 다음, 컬러 팔레트를 만들기 위해서 고른 색깔의 샘플을 평면도에 반영했어요. 그리고 페인트 작업을 맡아 줄 사람들에게 알릴 내용도 함께 적었어요.

자신의 생각을 고객에게 시각적으로 전달하기 위하여 인테리어 디자이너는 '무드 보드'라 불리는 것을 만들어요. 테일러의 무드 보드에는 자연을 사랑하는 그녀의 취향이 반영되어 있어요. 따뜻한 갈색과 초록색, 파란 하늘과 보송보송 산뜻하고 하얀 구름들, 나무 사이로 스며들어 오는 햇살과 알록달록 야생화의 이미지가 모두 들어 있었답니다.

복층을 위한 테일러의 무드 보드

가구와 침구, 러그 등은 뉴트럴 컬러의 갈색 톤으로 구성했어요. 거기에 밝은색의 베개와 쿠션 커버, 소품들을 더해서 재미를 주려고 해요.

여러 질감과 스타일이 겹쳐지면 더욱 만족스러운 공간을 완성할 수 있지요. 테일러가 고른 책상과 의자는 현대적인 스타일이에요. 단순한 선과 닦기 쉬운 표면을 가졌어요. 이와 대조적으로 방 건너편에는 전통적인 스타일의 소파를 두었어요. 바닥에는 두텁고 부슬부슬한 러그를 깔았고요. 친근하고 부드러운 분위기를 만들기 위해 곡선 디테일이 더해진 나무 탁자를 가져와 사이드 테이블과 커피 테이블로 사용할 생각이에요.

창문, 문, 몰딩은 집의 건축적인 요소를 고려하여 정했어요. 문은 다섯 개의 널빤지로 이루어진 것을 골랐는데, 집에 원래 있던 다른 문들과 잘 어울렸어요.
또한 집의 나머지 공간과 마찬가지로 복층에도 창문짝 두 개가 기울어지듯 열리는 창을 달았어요. 이런 창은 두 부분으로 나뉘고 열리는 각도를 바꿀 수 있어 통풍을 원하는 대로 조절하기에 용이해요.
몰딩에는 단출한 창문틀과 약 10센티미터 높이의 하단 몰딩을 포함시켰지요.

테일러의 집 바닥은 단단한 오크나무로 되어 있어요. 오크나무 바닥은 숲으로 향하는 길목에서 보았던 따스한 갈색을 연상시켰어요. 그래서 복층도 똑같이 하기로 했어요.

보통 욕실에는 나무 바닥재가 사용되지 않아요. 시간이 지나면 물과 증기 때문에 뒤틀릴 수도 있거든요. 테일러는 대신에 나무 바닥재와 같은 채도의 도자기 색 타일을 구했어요. 이 타일을 사용하면 거실에서 욕실로 바닥이 부드럽게 이어지는 느낌이 들 거예요.
샤워룸 바닥은 강가의 돌을 재료로 선택했어요. 부드럽고 둥근 천연 돌들이 깔려 있으면 마치 야외에서 샤워를 하는 것 같지 않을까요?
샤워룸 벽에는 구름을 연상시키는 산뜻하고 하얀 타일을 붙이려고 해요. 욕실 전체 벽을 시원한 하늘색으로 칠하면 더욱 잘 어울릴 거예요. 집 전체의 스타일과도 조화를 이룰 거고요.

배관 설비는 반짝반짝 빛나며 굴곡이 많은 크롬 소재로 골랐어요. 집에 잘 어울렸지요.

거울 양쪽 벽에는 돌출 촛대를 달아서 빛이 조화롭게 비치게 하고, 창문에는 하얀 수평 블라인드를 설치했어요. 좋은 선택인 것 같아요. 이 블라인드는 약 5센티미터의 날이 앞으로 기울어지도록 조절할 수 있거든요. 덕분에 사생활을 보호하면서 동시에 빛과 바람이 적절히 드나들게 할 수 있어요.

테일러는 손님방의 창문에 로만 셰이드를 달았어요. 방을 어둡게 할 수 있어 아침 느즈막까지 자거나 오후에 낮잠을 잘 때 유용해요. 로만 셰이드에는 질감이 잘 살아 있는 줄무늬 원단을 사용했어요.

침대 맞은편 벽에는 방의 어두운 부분에 빛을 반사하도록 큰 전신 거울을 기대 놓았어요.

앞에서 본 것처럼 테일러의 집은 천장이 기울어져 있고, 그래서 창문 쪽은 천장이 더 낮아요. 창가에 빌트인 수납장을 낮게 설치해서 물건을 수납하고 의자로도 활용할 거예요.

손님방 침대 옆에는 하얀색의 아담한 사이드 테이블을 놓았어요. 침대에는 푹신푹신한 침구를 깔고 야생화가 떠오르는 알록달록한 베개를 더했어요. 손님이 머무는 동안 옷을 걸거나 가방을 넣을 수 있게 옷장도 두었지요.

테일러는 침대 주변으로 사람들이 편히 걸어다닐 수 있도록 약 80센티미터의 여유 공간을 두었어요. 그 아래 바닥에 포근한 러그를 깔아 편안하고 부드러운 느낌을 주었고, 침대 위쪽 머리맡에는 나무로 만든 만다라 장식을 걸었어요. 만다라는 그 모양이 나뭇가지들을 연상시키는데, 온 우주를 표현한 거라고 해요.

천장이 높은 쪽의 오피스와 거실은 오후면 더울 거예요. 그래서 태양빛으로 인한 열기를 막아 줄 롤 셰이드를 설치했어요. 이 셰이드는 자외선 차단 기능이 있어 해로운 광선도 걸러 주지요. 약간 비치는 재질로 되어 있어 빛이 살짝 들어오고, 바깥 풍경도 좀 보여요.

테일러는 텔레비전을 보거나 책을 읽을 수 있도록 아담한 소파를 준비했어요. 텔레비전은 벽걸이형이라서 받침대나 다른 가구를 두지 않아도 돼요. 소파 곁에는 램프와 음료를 올려 둘 사이드 테이블을 놓았고, 가운데 공간에 커피 테이블을 두어서 책을 쌓거나 간단한 놀이를 할 수 있게 했어요.

벽에는 사진 작품과 친구, 가족들의 사진을 액자에 담아 곳곳에 걸었어요. 복층 전체에 매립형 조명을 설치한 덕분에 빛이 공간을 은은하게 밝혔답니다.

아래층으로 내려가는 계단 왼편이 홈 오피스예요. 계단 쪽을 바라보도록 책상과 컴퓨터 모니터를 두었어요. 근처에는 길게 빌트인 수납장을 설치해서 디자인 작업과 관련된 잡동사니를 보관했어요.

책상 좌측으로 맞닿은 벽에는 게시판을 크게 붙여서 중요한 메모나 그림들을 꽂을 수 있게 했어요. 그 옆에는 테일러가 작업하는 동안 창의성을 북돋워 줄 현대 회화 작품을 걸었지요.

7
마무리

인테리어 디자이너는 다양한 사람들과 팀을 이루어 협업해요. 팀에는 건축가, 건축 공학자, 종합 건설업자, 그 외 여러 기술자들이 속해 있어요. 이들은 각자의 전문적인 기술로 인테리어 공사에서 맡은 역할을 수행해요. 전기공, 배관공, 타일공, 수납장 제작자, 페인트공 등 기술자들은 보통 공사가 있을 때마다 일을 받아서 진행한답니다.

이제 모든 공사가 잘 마무리되었어요. 테일러의 팀이 어떻게 힘을 모아서 일을 마쳤는지 간단히 살펴보아요.

목수는 내부 벽에 단열 처리를 했어요. 여름에 서늘하고 겨울에 따스한 공간을 만들기 위해서지요. 바닥 공사가 끝난 뒤에는 마무리로 바닥과 문, 창문 등에 몰딩 작업을 했어요.

전기공은 테일러가 작성한 전기 설비 평면도와 입면도를 보고는 조명과 콘센트가 있어야 할 곳을 정확하게 파악했어요. 그에 맞게 붙박이 조명을 설치했고요.

배관공은 욕실에 물을 공급해 줄 파이프를 설치했어요. 변기와 세면대가 도착하자, 그것들을 제자리에 설치하고 수도꼭지와 손잡이를 추가했어요.

타일공은 샤워룸과 욕실 바닥에 타일을 깔았고,

바닥 시공업자는 욕실을 제외한 곳에 나무 바닥을 깔았지요.

수납장 제작자는 공장에서 완성한 수납장을
복층으로 가져와서 빌트인으로 설치했어요.

페인트공은 테일러가 작성한 컬러 평면도를 보면서 여러 벽에
딱 맞게 페인트를 칠했어요.

공사가 얼추 마무리되자, 가구들이 도착했어요. 가구 평면도를 보면서
모두 제자리에 배치할 수 있었어요.

테일러는 소품과 베개, 양초 등 자신의 취향이 잘 드러나는 물건들을
곳곳에 더했어요. 그렇게 마지막 손질을 하고 나자, 드디어 리모델링 작업이
끝났답니다.

전문적인 인테리어 디자이너가 되고 싶다면 대학에서 관련 학위를 딴 뒤에 취직하여 몇 년간 일하면서 경험을 쌓아야 해요. 하지만 꼭 그렇게 하지 않아도 누구나 인테리어 디자인을 해 볼 수 있어요. 색과 질감과 여러 요소들을 활용하고 그림을 그리면서 나만의 디자인을 떠올리는 거예요.

여러분 집의 각 공간을 측정하고 축척에 따라 모눈종이에 평면도를 그리는 일로 시작할 수 있어요. 그러고 나서 그 그림을 보면서 어떻게 하면 더 좋은 공간이 될지, 가구를 어떻게 재배치하면 좋을지 등을 생각해 보세요. 물건을 수납할 공간이 부족한 것 같다면 선반이나 바구니, 뚜껑이 있는 상자 등이 필요할 거예요. 좋아하는 사진을 벽에 붙이고 취향에 맞는 소품이나 마음에 드는 장식들을 가져다 두는 것도 좋지요.

인테리어 디자인이 단지 페인트를 어떤 색으로 고를지, 소파를 어떤 것으로 고를지와 관련된 일은 아니라는 사실을 알게 되었을 거예요. 공간을 목적에 맞게 설계하고 더 아름답게 꾸밀 수 있는 방법을 찾아 사용자에게 딱 맞는 공간을 만드는 일이랍니다. 나에게 꼭 맞는 공간을 내가 디자인할 수 있어요. 인테리어 디자인을 즐겨 보세요!

8
나를 닮은 방 꾸미는 연습

"인테리어 디자인이 무엇일까요?"

책 속에서 테일러가 한 것처럼 실내 공간을 어떻게 꾸미고 사물들을 어떻게 배치할지 고민하며, 여러 요소를 선택하고 계획하는 일을 '인테리어 디자인'이라고 해요. 인테리어 디자인은 건축과 밀접한 관계가 있어요. 건축이 공간 자체를 만들어 가는 일이라면, 인테리어 디자인은 그 공간을 꾸미는 일에 가깝지요. 건축은 공간의 바깥에도 신경을 많이 쓰지만, 인테리어 디자인은 사람들이 실제로 생활하는 안쪽 공간에 더 관심이 있어요. 하지만 건축과 인테리어 디자인은 모두 우리가 꿈꾸는 공간을 실체로 만드는 일이랍니다.

인테리어 디자인은 거의 모든 건축물을 대상으로 해요. 주택, 상점, 병원, 공공기관, 호텔, 식당 등 어떤 장소든지 그 장소의 성격에 맞는 실내 공간을 갖추어야 하니까요.

인테리어 디자인에서 가장 중요한 건, 사람들이 원하는 공간이 무엇인가를 고민하는 일이에요.

"좋은 집은 어때야 할까요?"

인테리어 디자인을 하려는 장소를 '나의 집'이라고 쳐 봅시다. 어떤 집이 나에게 좋은 공간이 될 수 있을까요? 그냥 보기 좋은 집, 자랑하기 좋은 집보다는 '나와 딱 맞는, 나와 어울리는 집' 아닐까요?

나를 위한 공간에는 내가 살아가는 모습과 나의 취향이 잘 반영되어 있기 마련이에요. 내가 좋아하는 물건들로 둘러싸인 나의 집에서 아늑하고 즐겁게 살아가는 일, 그 일을 돕기 위한 방법을 찾는 것이 인테리어 디자인의 역할이랍니다.

인테리어 디자인이 꼭 거창한 일일 필요는 없어요. 작은 변화로도 좋은 공간을 만들 수 있으니까요. 인테리어 디자인을 위한 연습을 한번 해 보려고 해요. 어떻게 하면 나의 방을 나와 잘 어울리는 공간으로 만들 수 있을지 생각해 보세요.

연습장이나 스케치북, 연필과 색연필, 크레파스 등을 준비하면 좋아요!

🏠 나의 공간을 돌아보기

✦ 내가 공부하고 잠자고 주로 생활하는 장소, 나의 방을 관찰해 봅시다.

▶ 문과 창문, 벽과 바닥, 천장까지 익숙한 공간이지만 마치 처음 보는 사람처럼 찬찬히 살펴보세요.

▶ 어떤 가구가 있는지 하나하나 살펴보세요.

▶ 나의 방에 주로 쓰인 색깔은 무엇인가요?

✦ 나의 방을 좀 더 아늑한 곳으로 만들기 위하여 특별히 어느 부분을 바꾸면 좋을지 생각해 봅시다.

문과 창문 관찰하기

◆ **우리 집과 학교를 비교하며 관찰해 봅시다.**

집의 문과 학교의 문을 비교하고 여닫는 방법, 재료, 모양, 크기 등 어떤 점에서 다른지 살펴보세요.

창문도 비교해 보세요. 커튼이나 블라인드가 있다면 각각 어떻게 다른지 살펴보세요.

✦ 집이나 학교를 포함하여 그 밖에 병원, 도서관, 학원 등 여러 장소의 문과 창문을 관찰하고 인상에 남는 것을 아래에 그려 봅시다.

조명 관찰하기

✦ 우리 집에 어떤 조명이 있는지 살펴봅시다.

▶ 천장에는 어떤 조명이 있나요?
▶ 가구 근처에 있는 조명에는 어떤 것들이 있나요?
▶ 각 조명의 모양을 자세히 살펴보세요.

✦ 내 책상이나 도서관 책상에 놓인 조명을 관찰하고 아래에 그려 봅시다.

🏠 의자 디자인하기

✦ 우리 집에 어떤 의자들이 있는지 살펴봅시다.

> 내 방, 거실, 부엌 등 각 장소에 놓인 의자들을 살펴보세요. 어떤 점에서 다른가요? 어떤 특징이 있나요?

✦ 의자와 함께 있는 탁자들도 살펴봅시다.

> 내 방, 거실, 부엌 등 각 장소에 놓인 탁자들은 어떤 점에서 다른가요? 어떤 특징이 있나요?

◆ 내 방에 가져다 둘 나만의 의자를 떠올리고, 그려 봅시다.

▶ 어떤 재료로 만든 의자인가요?
▶ 이 의자에 앉아서 주로 무엇을 할까요?
▶ 어디에 이 의자를 두면 좋을까요?
▶ 어떤 색인가요?

수납공간 발견하기

◆ **수납공간의 역할과 활용에 대해 생각해 봅시다.**

수납공간은 여러 물건을 보관하는 장소예요. 물건이 너무 많거나 수납공간이 부족하면 집 안이 쉽게 어질러지고 생활하기에 불편한 공간이 되어 버려요. 수납공간에는 여러 종류가 있어요. 옷장, 책장, 그릇장, 화장대, 서랍장 등 다양한 수납 가구가 있고, 테일러의 집처럼 붙박이장을 설치하는 경우도 있지요.

▶ 우리 집에는 어떤 수납공간이 있을까요? 각 수납공간은 어떤 물건을 보관하는 용도인가요?

▶ 수납공간이 충분한 편인가요?

▶ 수납공간을 잘 활용하려면 어떻게 해야 할까요?

◆ **내 방의 수납공간에 대해 생각해 봅시다.**

▶ 내 방에는 어떤 수납공간이 있을까요?
▶ 수납공간이 충분한가요? 그렇지 않다면 이유가 무엇일까요?
▶ 수납공간을 늘리기 위해서 무엇을 해야 할까요?
▶ 수납 가구를 더 놓는다면 어떤 것이 좋을까요?

평면도 그리기

◆ 평면도는 위에서 내려다본 것 같은 모습으로 입체 공간을 종이 위에 평평하게 그린 그림이에요. 내 방의 크기를 실제로 측정하여 평면도를 그려 봅시다. 모눈종이 한 칸의 길이가 실제로는 10cm를 나타난다고 생각하고 그려 보세요.

모눈종이 한 칸은 가로세로 10cm

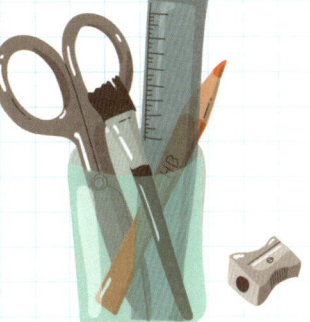

무드 보드를 위한 영감 찾기

◆ 내 방을 리모델링한다고 생각하고 테일러처럼 무드 보드를 만들어 봅시다.

▶ 앞에서 그린 내 방의 평면도를 보면서 바꾸고 싶은 부분을 찾아보세요.
▶ 왜 그 부분을 바꾸고 싶은지 이야기해 보세요.

이제 내가 좋아하는 것들을 떠올려 보세요. 테일러의 경우처럼 어떤 순간이나 공간, 활동이 될 수도 있고, 사물이 될 수도 있고, 영화 속 장면이 될 수도 있습니다. 평소 내가 좋아하는 물건, 좋아하는 놀이나 게임, 좋아하는 일, 좋아하는 사람 등을 떠올려 보세요.

> 좋아하는 것들을 떠올릴 때 어떤 느낌이 드나요? 낙서하듯이 생각나는 대로 적거나 그림을 그려 보세요.

내 방의 색깔 찾기

✦ **내 방을 어떤 색으로 꾸미고 싶은지 생각해 봅시다.**

▶ 평소 좋아하는 색을 적어 보세요.

왜 그 색이 좋은가요?

▶ 115쪽에 적거나 그린 내용을 보고 어떤 색이 연상되는지 적어 보세요.

▶ 내 방을 위한 색을 몇 개 골라 보세요.

▶ 함께 어울릴 만한 다른 색들을 골라 보세요. 70~71쪽을 보고 단색 배합을 할지 보색 배합을 할지도 생각해 보세요.

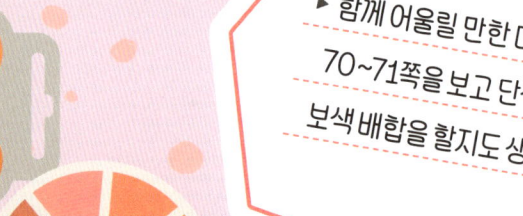

주요 색깔

보조 색깔

> 이 색을 방의 어떤 부분에 적용하면 좋을지 생각해 보세요.(벽, 가구, 소품, 커튼, 침구, 바닥, 러그 등등)

내 방의 인테리어 디자인을 위한 무드 보드

◆ 테일러의 무드 보드를 참고하여 완성해 보세요.

COLOR

예시 사진

예시 색깔

COLOR
주황

COLOR

"나는 어떤 환경에 있을 때 편안한가요?"

내가 무엇을 좋아하고 어떨 때 편안함을 느끼는지는 나 자신이 가장 잘 알지요. 내 방을 새로 꾸며 보는 연습을 하면서 **나와 가장 잘 어울리는 것, 나를 즐겁게 하는 것**들에 대해서 생각해 보는 시간이 되었길 바랄게요!

누리는 기쁨, 나만의 취향_잇츠북 출판사의 문화 Pick! 시리즈
① **내가 살고 싶은 집** 바바라 벡 지음 | 조연진 옮김 | 118쪽 | 14800원